Perles et Trésors

Tome 1

Une Perle de Grand Prix

K. Derenoncourt

© 2023, **K. Derenoncourt**
Conception graphique, design et mise en page par K. Derenoncourt.

Titre du livre : « Perles et Trésors, Tome 1, Une Perle de Grand Prix »
Tous droits réservés pour tous pays.
Aucune partie de ce livre ne peut être reproduite, stockée dans un système de récupération ou transmise sous quelque forme ou par quelque moyen que ce soit, électronique, mécanique, photocopie, enregistrement ou autre, sans l'autorisation écrite préalable de l'éditeur et de l'auteur, sauf dans le cas de brèves citations incorporées dans des articles de revue ou des critiques.

Sauf signalé autrement, tous les versets de la Bible utilisés dans ce livre sont tirés de *La Sainte Bible : Traduction d'après les Textes Originaux*, par L'Abbé Auguste Crampon, Version de 1923, ouvrage libre de droits.

Dans les quelques cas où une citation est tirée d'une autre version de la Bible, la version en question est indiquée dans les notes de fin de texte.

Tous les versets de la « Bible Catholique Crampon » sont cités texto, à l'exception des mots placés entre crochets […]. Ces derniers sont destinés soit à rendre plus accessibles certains passages au lecteur contemporain, soit à remplacer par le mot « Seigneur » le tétragramme vocalisé « Yahweh », tel que cela a été recommandé, en 2008, par *le Synode des Évêques sur la Parole de Dieu dans la Vie et la Mission de l'Église*.

Contact : info.reinedelapaix@yahoo.com

A mon fils, cœur de mon cœur et à Nainaine :
je suis parce que vous êtes.
A Tica tant aimée, avide lectrice,
dans ta bibliothèque du Ciel.

Table des Matières

Remerciements vii

Préambule 9

Introduction aux livres de la série 10

Je t'ai vu 13

Le tout-petit en moi 19

Terrains 24

D'ombre et de lumière 29

En présence de son maître 34

Abondance 40

Prévenant 45

Une journée ordinaire 50

Le Seigneur des brèches 57

Jésus n'a pas de filtre 64

La nuit 71

En conversation 78

Le mercure ou l'or 84

Fidèle et sensé 92

Une place à table 98

Le côté droit du Temple 105

Le Cœur de Dieu 112

Un cheveu	120
Mission	127
Celui qui vient	134
Fécondités	141
Que cherchez-vous ?	148
Il guérit	155
Le devoir d'oser	162
Demi-tour à 180 degrés	169
Deux niveaux de lumière	177
Créés par amour	184
Quitter le village	192
Unité	199
L'Agneau Pascal	207
Dans la même collection	215
Notes de fin	216

Remerciements

Je remercie d'abord le Seigneur qui a pris la chance de me permettre d'écrire à son sujet.

Je remercie ma famille, qui a été le terreau où a pu grandir ma foi, avec ma mère comme exemple de fidélité confiante et indéfectible à Dieu.

Merci aux proches, aux professeurs de religion, et aussi aux modèles qui, par leurs enseignements ou leur exemple de piété et de dévouement aux plus petits, m'ont façonnée spirituellement.

Merci enfin à ma lectrice critique pour le don généreux de son temps et pour ses réflexions judicieuses et tellement appréciées sur les livres de cette série « Perles et Trésors »...

Préambule

Ce livre, comme toutes les publications de la série « Perles et Trésors », est un prétexte. C'est une occasion intentionnelle de s'offrir une récréation, un moment spécial, un interlude de paix, de retrait heureux, de connivence, de cœur à cœur et d'enchantement avec Dieu…

Il faut le lire **lentement**, pas comme un roman, pas comme un thriller, quoiqu'il nous entraîne sur des routes pas toujours tranquilles… Il faut le lire comme on savoure un dessert, une rencontre heureuse, un joyeux rendez-vous…

L'espoir de l'auteur c'est de faire grandir, au fur et à mesure que se déroulent les pages, une relation ardente, pourtant calme, intense, pourtant assurée, vivifiante et riche, amusée, avec le Dieu de toute bonté, de toute finesse et de toute beauté.

Les pensées et les émotions qui nous viendront alors, peuvent s'envoler de notre conscience comme le toucher d'un papillon… et ne plus jamais revenir. Aussi, serait-il intéressant, en lisant, de s'armer d'un **surligneur** pour marquer nos repères, d'un **stylo** pour noter à la fin de chaque chapitre (ou dans un **carnet** spécial) nos réflexions et nos élans vers Dieu, et d'une **Bible** pour fouiller davantage dans le coffre au trésor.

« La vie est un voyage, un pèlerinage, vers le sanctuaire, à l'intérieur de nous, où Dieu vit… »[1]

Bon voyage…

Bon pèlerinage…

K. Derenoncourt

Perles et Trésors

*« Le royaume des cieux est encore semblable
à un trésor enfoui dans un champ ;
l'homme qui l'a trouvé l'y cache de nouveau,
et, dans sa joie, il s'en va, vend tout ce qu'il a, et achète ce champ.
Le royaume des cieux est encore semblable
à un marchand qui cherchait de belles perles.
Ayant trouvé une perle de grand prix,
il s'en alla vendre tout ce qu'il avait, et l'acheta. »
Mt 13, 44-46*

Introduction aux livres de la série

Le sac-à dos du pèlerinage :

Chaque livre de cette série est comme un voyage, un pèlerinage. Il se compose de 30 chapitres. Chacun débute par un **passage** de l'écriture, se poursuit par la **découverte** d'un aspect inattendu de ce qui y est dit, et continue par une **invitation** à examiner le thème, en liaison avec la culture contemporaine et avec notre propre vie.

Les escales :

Il y a diverses manières possible de jouir du « voyage ». L'une d'entre elles est de le faire **par étapes**, en lisant par exemple, **juste 1 chapitre par jour**, pour s'en imprégner et se l'approprier.

Pour être confortable, on peut choisir un coin retiré et un moment de la journée qui nous convienne, pour y faire une tranquille escale.

Durant cette halte nous pouvons alors sereinement :

1. lire le passage de l'écriture qui est proposé,
2. parcourir le **commentaire** qui le suit en y **surlignant** ce qui nous frappe,
3. et approfondir notre propre spiritualité en **mettant par écrit**, si on le veut, nos pensées, nos sentiments et notre prière,

dans un cœur à cœur engageant, qui ne pourra que nous combler.

Pour aller plus loin, on peut, **si on le désire**, chercher le passage lu, dans **notre propre Bible**, pour en explorer le contexte, nous ouvrant à des découvertes imprévues et, parfois, à des clins d'œil inattendus de l'Esprit.

En groupe ou en famille

La démarche peut aussi se faire **lors d'une rencontre de groupe** ou **en famille**. Dans une atmosphère fervente, autour d'une **croix**, d'une **icône**, d'une **bougie** allumée, on peut faire une lecture orale du texte de l'Écriture puis d'une partie du chapitre correspondant, ou du chapitre entier.

Ensuite chacun peut **partager** son vécu et ses sentiments par rapport au texte. Tous ceux qui le veulent peuvent ensuite exprimer la **prière** qui monte en leur cœur à la fin de l'expérience. Le tout peut être entrecoupé de **chants** inspirants propres à l'adoration et à la contemplation.

Le but du pèlerinage :

Le but du pèlerinage, c'est d'obtenir une paix toujours plus profonde, une joie toujours amplifiée, une certitude toujours plus forte, que nous donne la découverte de l'intimité avec Jésus, avec l'Esprit de Feu, avec le Dieu Père de toute tendresse, avec l'Amour éternel.

Paix que nul autre ne peut donner (Jean 14, 27). Joie parfaite (Jean 15, 11) que nul ne peut ravir (Jean 16, 22).

Jour 1

Je t'ai vu

Évangile de Jésus Christ selon saint Jean (Jn 1, 45-51)

[En ce temps-là,]
Philippe rencontra Nathanaël et lui dit :
« Nous avons trouvé
celui dont Moïse a écrit dans la Loi, ainsi que les Prophètes :
c'est Jésus, fils de Joseph de Nazareth. »
Nathanaël lui répondit :
« Peut-il sortir de Nazareth quelque chose de bon ? »
Philippe lui dit : « Viens et vois. »
Jésus vit venir vers lui Nathanaël,
et dit en parlant de lui :
« Voici vraiment un Israélite,
en qui il n'y a nul artifice. »
Nathanaël lui dit :
« D'où me [connais-tu] ? »
« Jésus [répondit] et lui dit :
« Avant que Philippe t'appelât,
lorsque tu étais sous le figuier,
je t'ai vu. »
Nathanaël lui répondit :

« Rabbi, [tu es] le Fils de Dieu, [tu es] le Roi d'Israël. "
Jésus lui [répondit] :
« Parce que je t'ai dit : Je t'ai vu sous le figuier, tu crois !
Tu verras de plus grandes choses que celle-là. »
Et il ajouta :
« En vérité, en vérité, je vous le dis,
vous verrez désormais le ciel ouvert,
et les anges de Dieu montant et descendant
sur le Fils de l'homme. »

Le secret

L'appel de Nathanael c'est l'histoire captivante d'un secret ! C'est l'histoire d'un secret d'amitié ; l'histoire d'une rencontre basée sur une stupéfaction, un émerveillement, une découverte qu'a faite Nathanael ! Mais nous ne saurons jamais ce qui s'est passé entre Jésus et lui ! A moins que les deux, Nathanael et Jésus, n'acceptent de nous le révéler au Ciel...

Qui est Nathanael?

Nathanael est un « intellectuel », un chercheur; c'est quelqu'un qui connait bien les Écritures. C'est un puriste. Il a bien étudié les détails des prophéties. Il est rigoureux. Il est droit. Pour lui, « C'est ça ou c'est pas ça ».

Il est très intéressé à la venue du Messie, le Sauveur d'Israël. Il sait tout ce qu'il y a d'important à savoir sur Lui. Et avant tout il sait dans quelle ville il va naître : Bethléem, la ville de naissance du Roi David, dont le Messie sera le descendant. Alors quand Philippe lui parle d'un homme qui vient de Nazareth... Il a l'air de lui dire : « Excuse-moi !? ». Il réplique en effet l'air railleur: *« De Nazareth peut-il sortir quelque chose de bon? »*

Une lame de métal

La pureté de la pensée de Nathanael le rend sec, coupant, comme un diamant, comme une lame de métal, qui tranche net entre le vrai et le faux. Cela correspond à un amour de la Vérité qui rejaillit sur son âme et fait de lui un homme droit, qui déteste la ruse.

Mystère...

Tout a un sens dans les dialogues de Jésus, surtout quand il y a un échange intime entre Lui et quelqu'un. Un échange où se trouve un secret. Il semble qu'à un certain moment Nathanel était assis sous un figuier. Le figuier en Israël est l'arbre sous lequel s'asseyaient ceux qui étudiaient la loi, les écritures. La phrase de Jésus qui renverse Nathanael, c'est: « *Quand tu étais sous le figuier, je t'ai vu.* ».

Nous ne saurons jamais ce que Nathanael a pensé ou fait sous le figuier, et pourquoi il a été choqué que Jésus l'ait su; et nous ne saurons jamais pourquoi cela a été un signe de reconnaissance entre eux, un signe de connaissance, un signe de communion, un signe qui les a scellés l'un à l'autre pour toujours, comme un fer se précipite vers un aimant pour n'en plus décoller. Mystère fascinant.

Notre « figuier »

Nous aussi, dans notre vie, nous avons notre figuier. Un endroit, ou un moment, où nous sommes assis, et où nous ne savons pas que le Seigneur nous voit. Cela peut être un moment où nous pensons à quelque chose d'heureux, ou bien de honteux, où notre pensée est désespérée, ou bien en colère, ou bien révoltée, ou bien apaisée, ou bien taquine, mais sans nécessairement penser à Dieu, au Ciel, à Jésus... Cela peut être en train de se produire maintenant...

Il nous regardait

Quelle surprise quand nous nous rendons compte que le Seigneur était à un millimètre de nous à ce moment et qu'Il nous regardait. Avec un regard d'un amour infini, d'une bonté inimaginable. Avec un amour pédagogique, qui nous apprend toujours quelque chose, nous dévoile des connaissances, nous montre comment mieux agir, nous compliment et nous encourage, ou nous fait comprendre qu'on a péché et comment ça crée une déchirure dans le grand tissu de l'univers, une blessure pour nous, pour nos frères ou pour Dieu.

Je te connais

Ce que le Seigneur a peut-être fait comprendre à Nathanael(?) et qu'Il veut que nous comprenions c'est ceci: Je t'ai vu de mon regard d'amour. Je te sonde et je te connais. J'ai donné un nom à chacun des cheveux de ta tête. Quand l'un d'entre eux tombe, je sais lequel est tombé.

J'ai vu la beauté de ton âme, ta bonne volonté, tes doutes, tes questionnements sur mon existence, sur ma puissance, sur ma bonté, tes manquements, tes frustrations, cette ombre, cette obscurité en toi, ce mauvais côté de toi, ta honte, ce secret au plus profond de toi. Qui d'autre que moi pourrait mieux les connaitre?

Ce fin fond de toi

Ce fin fond de toi, je le baigne de mon pardon, de ma consolation, de ma compréhension, de mon admiration, de mon désir pour toi de perfection, de pureté et de beauté. Je le baigne de mon amour infini.

☙❧

Jésus, merci de daigner me rencontrer sous mon « figuier »,
dans le silence.

☙❧

Ma réflexion – Qu'est ce qui me frappe dans cette lecture ?

Mes sentiments – Qu'est-ce que je ressens actuellement ?

Le cœur à cœur – Ma prière :

Aller plus loin – Qu'est-ce que je décide ?

Jour 2

Le tout-petit en moi

Évangile de Jésus Christ selon saint Matthieu
(Mt 11, 25-27)

[En ce temps-là, Jésus, prenant la parole, dit :]
" Je [te] bénis, Père, Seigneur du ciel et de la terre,
de ce que [tu as] caché ces choses aux sages et aux prudents,
et les [as] révélées aux petits.
Oui, Père, je [te] bénis de ce qu'il [t'a] plu ainsi.
Toutes choses m'ont été données par mon Père ;
personne ne connaît le Fils, si ce n'est le Père,
et personne ne connaît le Père, si ce n'est le Fils,
et celui à qui le Fils a voulu le révéler.

Savant ou tout-petit ?

Qu'est-ce qui nous plait le plus?

Être un sage, quelqu'un qu'on respecte, qui donne des conseils, qui est aimé et considéré ? Être un savant, quelqu'un qui est « au courant », qui a étudié, qui ne se trompe pas, à qui on fait confiance, un expert ?

Ou bien un tout petit?

D'abord, c'est quoi un tout petit? Un tout-petit c'est un enfant. C'est un bébé, il ne sait rien. On doit tout lui donner. Il ne peut rien faire pour se protéger. Il n'a rien à dire. Quel adulte voudrait redevenir un tout petit? Il est trop vulnérable. Tout peut lui arriver. On peut lui faire n'importe quoi. Être un tout-petit c'est dépendre du bon vouloir des gens. Être un tout petit c'est partir perdant... Pourquoi le Père leur confie-t-il ses secrets ?

Le sanctuaire à l'intérieur de nous

Le fondateur d'un grand mouvement d'Église avait dit un jour dans une conférence : « La vie est un voyage, un pèlerinage, vers le sanctuaire à l'intérieur de nous, où Dieu vit ». C'est dans ce sanctuaire de paix et de pureté, dans ce sanctuaire simple à en pleurer de joie, dans ce sanctuaire seulement, dans un silence gonflé d'amour que Dieu peut nous rejoindre. Et c'est dans ce sanctuaire que se trouve le tout petit nous-même. Le Seigneur est dans notre cœur et là il n'y a ni grandeur ni orgueil.

Comme il le fait pour les petits en âge, qui nous étonnent souvent par leurs réflexions sur Dieu, ainsi, l'enfant que nous avons été, et l'enfant que nous sommes encore, à l'intérieur de nous, c'est lui que le Père cajole, c'est à lui qu'Il dit ses secrets, au petit enfant en nous. Comment nous imaginer assis sur les genoux du Père en tant qu'adultes ? ou même pire, en tant que grand sage ou savant ? Ce sont les enfants qui peuvent s'asseoir sur les genoux du Père !

Le petit nous-même

Et nous aussi d'ailleurs, Il nous appelle à être tendres envers les petits, tous les petits, de toutes sortes, les petits en âge, les petits en intelligence, les petits en caractère, les petits en richesse, les petits en santé, les petits en culture. Et surtout, Il nous appelle aussi à être tendre avec le petit nous-même, qui habite en nous, et qui a besoin de notre protection, de notre affection et de notre amour.

❧

Merci Seigneur, d'embrasser le tout-petit en moi !

❧

Ma réflexion – Qu'est ce qui me frappe dans cette lecture ?

_____
_____
_____
_____
_____
_____
_____
_____
_____
_____
_____

Mes sentiments – Qu'est-ce que je ressens actuellement ?

_____
_____
_____
_____
_____
_____
_____
_____
_____
_____
_____

Le cœur à cœur – Ma prière :

Aller plus loin – Qu'est-ce que je décide ?

Jour 3

Terrains

Évangile de Jésus Christ selon saint Matthieu (Mt 13, 1-9) [2]

*Ce jour-là, Jésus sortit de la maison
et s'assit au bord de la mer.
Une grande foule s'étant assemblée autour de lui,
il dut monter dans une barque, où il s'assit,
tandis que la foule se tenait sur le rivage ;
et il leur dit beaucoup de choses en paraboles :
« Le semeur, dit-il, sortit pour semer.
Et pendant qu'il semait,
des grains tombèrent le long du chemin,
et les oiseaux du ciel vinrent et les mangèrent.
D'autres grains tombèrent sur un sol pierreux,
où ils n'avaient pas beaucoup de terre,
et ils levèrent aussitôt,
parce que la terre était peu profonde.
Mais le soleil s'étant levé,
la plante, frappée de ses feux et n'ayant pas de racine, sécha.
D'autres tombèrent parmi les épines,
et les épines crûrent et les étouffèrent.
D'autres tombèrent dans la bonne terre,*

et ils produisirent du fruit, l'un cent, un autre soixante, et un autre trente.
Que celui qui a des oreilles entende ! "

Des grains sont tombés

Quelle terre suis-je ? Quel réceptacle suis-je pour la parole de Dieu ? Suis-je la bonne terre ? Fertile, agréable, Admirée ? Donnée en exemple ?

Pas sûr...

« C'est trop difficile ! »

Et si j'étais le bord du chemin, de l'asphalte pratiquement ? Aucun moyen pour que la Parole entre dans ma tête. Ou alors, je refuse tout simplement certains commandements : «Ah, non, c'est trop difficile! Ce n'est pas possible de vivre ça ! On est humain quand même ! »

Je trébuche

Et si j'étais un terrain de roches ? Il y a un peu de bonne terre en moi, donc ce que me dit le Seigneur a une chance de pénétrer dans mon âme. Je commence à vivre selon l'Évangile, mais catastrophe ! un gros problème arrive, je dois faire des choix, c'est trop pénible, c'est stressant, je trébuche.

« Les plaisirs du temps »

Suis-je un terrain de ronces ? J'entends ce que me dit le Seigneur, je comprends, mais je vis dans le monde, il y a des choses agréables à faire, je dois viser la prospérité, la réalisation de soi, la positivité totale, les plaisirs du temps. Je confonds les dérives à la mode avec une satisfaction normale de mes besoins.

Donner du fruit

Enfin, la bonne terre... Suis-je un bon terreau pour la Parole ? Suis-je prêt(e) à être ensemencé(e), labouré(e), arrosé(e), porteur(se) de l'espoir d'une bonne moisson ? Comment le savoir ?

La réponse se trouve dans la phrase *« ils ont donné du fruit »*... Je vais savoir quel sol je suis en répondant à la question: Quel fruit je donne? Dans quel domaine suis-je un exemple de bonté, de solidarité, de respect, de calme, de générosité, d'honnêteté, de pudeur, de justice, de moralité ? Est-ce que je respecte vraiment les commandements, le mode d'emploi de la création que Dieu m'a donnée?

Comment faire ?

Est-ce que j'essaie d'amener les gens à Dieu, par mon exemple, par mes paroles, (être aidant, solidaire, offrir une Bible, un chapelet, insuffler l'espérance, penser aux âmes du purgatoire, pratiquer les œuvres de miséricorde, défendre avec respect et fermeté les lois divines face à ce qui est anti-Dieu). Est-ce que je porte du fruit? Et quel fruit?

☙❧

Mon Dieu, je veux m'assurer que je porte du fruit. Aide-moi à identifier un fruit que je peux porter cette semaine.

☙❧

Ma réflexion – Qu'est ce qui me frappe dans cette lecture ?

Mes sentiments – Qu'est-ce que je ressens actuellement ?

Le cœur à cœur – Ma prière :

Aller plus loin – Qu'est-ce que je décide ?

Jour 4

D'ombre et de lumière

PSAUME
(Ps 59), 2-3, 4-5ab, 10-11, 17, 18)

Délivre-moi de mes ennemis, ô mon Dieu,
protège-moi contre mes adversaires.
Délivre-moi de ceux qui commettent l'iniquité,
et sauve-moi des hommes de sang.

Car voici qu'ils sont aux aguets pour m'ôter la vie ;
des hommes violents complotent contre moi ;
sans que je sois coupable, sans que j'aie péché, [Seigneur]
malgré mon innocence ils accourent et s'embusquent.

Ma force, c'est vers toi que je regarderai,
car Dieu est ma forteresse.
Le Dieu qui m'est propice viendra au-devant de moi ;
Dieu me fera contempler mes ennemis.

Et moi, je chanterai ta force,
et le matin je célébrerai ta bonté ;

car tu es ma forteresse,
un refuge au jour de mon angoisse.
O ma force, je chanterai en ton honneur,
car Dieu est ma forteresse, le Dieu qui m'est propice.

Défier notre espérance

Ce psaume correspond bien à ce que plusieurs d'entre nous vivons actuellement, en terme individuel ou collectif, ici ou ailleurs.

Il y a beaucoup d'agressions dans le monde. On est attaqués par des maladies, des problèmes économiques, des personnes haineuses, des menaces à notre sécurité, des contrariétés, l'incompréhension des uns, la trahison des autres. Il y a comme une ombre qui plane sur les choses, des ténèbres qui veulent tenter notre foi, notre espérance, notre amour pour Dieu.

Les temps sont mauvais, et nous devons être prêts. Nous devons nous ceinturer face au mal et nous préparer à la résilience. Comment faire ? Nous serons prêts si nous restons en Dieu. Comme dit une magnifique chanson libanaise : *«Qu'importe si nos chemins sont faits d'ombres ou de lumières, si Tu me prends par la main, tout pour moi devient prière»*.

C'est au cœur de la bataille qu'on reconnait le bon soldat. Jésus a donné sa vie pour nous. Notre façon de le remercier, c'est par la fidélité et par la confiance. Car quel que soit le cas de figure, il ne nous lâche JAMAIS.

Plus proche que ton souffle

Parmi d'innombrables révélations sur Dieu publiées par sa maman dans le livre *Josiah's Fire*[3], Josiah Cullen, un petit garçon de sept ans, se trouvant sur le spectre autistique, qui ne parle pas et qui n'a jamais appris à lire, a étonnamment tapé ceci sur un IPad : « *The Lord of life is closer than your breath* » (Le Seigneur de la vie est plus proche que ton souffle). C'est vrai, le Seigneur est toujours là. Il nous offre tantôt de subtiles délicatesses, tantôt de grandes délivrances. Il nous évite des dangers insoupçonnés.

Et en tout, il sera TOUJOURS avec nous, jusqu'à la victoire. Victoire que nous verrons ici sur la terre, ou de l'autre coté (puisque de toutes façons nous sommes de passage).

Tout simplement, par notre résistance et notre confiance, il faut que nous puissions dire avec Saint Paul : « *J'ai mené le bon combat [...] J'ai gardé la foi.* »

❦

Jésus, grave ces trois mots en moi : Foi, Espérance, Confiance.

❦

Ma réflexion – Qu'est ce qui me frappe dans cette lecture ?

Mes sentiments – Qu'est-ce que je ressens actuellement ?

Le cœur à cœur – Ma prière :

Aller plus loin – Qu'est-ce que je décide ?

Jour 5

En présence de son maître

*Évangile de Jésus Christ selon saint Matthieu
(Mt 15, 21-28).*

*[En ce temps-là,]
Jésus [...] se retira du côté de Tyr et de Sidon.
Et voilà qu'une femme cananéenne, de ce pays-là,
sortit en criant à haute voix : « [Aie] pitié de moi, Seigneur,
fils de David ;
ma fille est cruellement tourmentée par le démon. »
Jésus ne lui répondit pas un mot.
Alors ses disciples, s'étant approchés, le prièrent en disant :
« [Renvoie-la], car elle nous poursuit de ses cris. »
Il répondit :
« Je n'ai été envoyé qu'aux brebis perdues de la maison
d'Israël. »
Mais cette femme vint se prosterner devant lui, en disant :
« Seigneur, [secours-moi]. »
Il répondit :
« Il n'est pas bien de prendre le pain des enfants
pour le jeter aux petits chiens. »*

« Il est vrai, Seigneur, dit-elle ;
mais les petits chiens mangent au moins les miettes
qui tombent de la table de leur maître. »
Alors Jésus lui dit :
« O femme, [ta] foi est grande :
qu'il [te] soit fait selon [ton] désir. »
Et sa fille fut guérie à l'heure même.

Humiliation

Si on avait besoin d'un bel exemple d'humiliation publique, un bon « *roast* » comme ils disent en anglais, on n'aurait qu'à utiliser ce passage de l'Évangile. Quelle honte ça a été pour la femme ! Quelle terrible vexation !

Et pourtant, c'est un des plus beaux passages de l'Evangile, un des plus humains, et aussi un des plus complets, car il donne un magnifique résumé de la mission de Jésus, et de son immense ouverture au-delà des conventions.

Un magicien ?

D'abord Jésus ne répond pas. Est-ce que la dame ne le prenait pas pour un guérisseur, un magicien? Puisque c'est à cela qu'elle était habituée, elle qui vit dans la Phénicie Syrienne, là où il n'y avait pas encore de guérison par l'action de l'Esprit Saint. A part les médecins, ceux qui « guérissaient » le faisaient probablement par la magie ou le spiritisme.

Quand Jésus finit par répondre, c'est pour montrer la préséance du Dieu d'Israël sur cette culture syro phénicienne de la dame : le Pain du Ciel (qui est la Parole de Dieu, c'est-à-dire aussi Jésus, - la préfiguration du Pain de son corps ? - et tous les avantages de son royaume) est pour ceux qui reconnaissent l'autorité de Dieu...

Avaler la pilule

Ensuite, on peut être sûr que lorsque Jésus a finalement répondu à la femme, il avait un sourire léger, pour l'aider à avaler cette pilule. La pilule (à savoir qu'« il n'est pas bon de jeter le pain des enfants aux petits chiens »), avait une raison, un but: confirmer, pour la dame et pour ceux qui écoutaient, la mission de Jésus: Il était venu lancer un concentré du Verbe, de la Nourriture de Dieu, à la source, au peuple choisi, en premier, comme promis aux patriarches.

Persistance par amour

Ce qui est intéressant, c'est que la dame, dans son amour pour son enfant, n'a pas considéré « non » comme une réponse. Elle a compris qu'elle était en présence de son Maître. Elle a accepté la domination du seul vrai Dieu, révélé d'abord aux Juifs, le Dieu présent en face d'elle. Elle n'a alors eu aucun problème pour s'abaisser devant Lui, Jésus, qui est Dieu.

Elle a osé persister, par amour pour son enfant, et parce qu'elle s'est trouvée en face de la Vérité. Dans le regard de Jésus, elle a vu l'amour, c'est pourquoi elle a répondu avec audace, et même avec un brin d'humour.

Exception par amour

Et notre cher Seigneur, Jésus, n'hésite pas à faire une exception. Comme à Cana, comme avec le centurion, comme avec la dame à la perte de sang. Jésus complimente celle qu'il a paru rabaisser, après l'avoir piquée dans sa foi. Il l'a fait, tout en enseignant subtilement aux disciples, dès ce moment, par cet exemple, que, plus tard, les païens qui reconnaitront la préséance du Dieu unique seront tous accueillis dans le royaume.

Il faut savoir comment prendre le Seigneur : on le prend par la foi, dans la vérité, dans la simplicité et dans l'obéissance. Par l'amour. Par le cœur.

Oui, Il est notre maître, mais un maître de douceur et de tendresse.

❧❦

Seigneur, je veux t'obéir. Je veux faire ta volonté. En même temps, aide moi à oser te demander ce dont j'ai besoin.

❧❦

Ma réflexion – Qu'est ce qui me frappe dans cette lecture ?

Mes sentiments – Qu'est-ce que je ressens actuellement ?

Le cœur à cœur – Ma prière :

Aller plus loin – Qu'est-ce que je décide ?

Jour 6

Abondance

*Deuxième lettre de saint Paul Apôtre aux Corinthiens
(2 Co 9, 6-10)*

*[Frères,] Je vous le dis, celui qui sème peu moissonnera peu,
et celui qui sème abondamment moissonnera abondamment.
Que chacun donne, comme il l'a résolu en son cœur,
non avec regret ni par contrainte ;
car « Dieu aime celui qui donne avec joie. »
Il est puissant pour vous combler de toutes sortes de grâces,
afin que, ayant toujours en toutes choses
de quoi satisfaire à tous vos besoins,
il vous en reste encore abondamment
pour toute espèce de bonnes œuvres,
selon qu'il est écrit :
« Avec largesse, il a donné aux pauvres ;
sa justice subsiste à jamais. »
Celui qui fournit la semence au semeur
et du pain pour sa nourriture,
vous fournira la semence à vous aussi,
et la multipliera, et il fera croître
les fruits de votre justice.*

En plénitude

L'univers est immense et tout est abondance dans la nature. Un arbre n'a pas besoin de toutes ces feuilles pour remplir sa mission. Quelqu'un qui possède un cerisier chez lui ne pourra pas manger à lui seul tous les fruits de l'arbre lors de la saison des cerises. Il en est de même des mangues, des pamplemousses, des amandes, des pommes etc. L'eau des océans, les étoiles dans le ciel, partout où la nature fonctionne sans interférence négative de l'homme ou du Mal, tout est en plénitude.

Le Seigneur donne largement, c'est pour cela qu'Il nous demande, à nous aussi, de donner largement, dans la foi et dans la joie, face aux nécessités que l'amour de l'autre nous indiquera. Ça Lui fait plaisir de voir que nous agissons comme Lui, qui est notre Père. C'est le style de la famille.

Donner pour se sentir bien ?

Parfois, quand les gens sont déprimés, ils ressentent une excitation paradoxale, qui leur fait acheter, sans compter, des tas de choses qu'ils éprouvent ensuite une excitation à donner, à distribuer en grande quantité. Ce n'est pas de cela que parle Saint Paul. Cette « générosité » vient d'une forme de déprime. La personne donne alors pour se sentir bien, pour son propre plaisir, pas pour que l'autre se sente bien ou pour répondre au besoin de l'autre.

Quand le Seigneur nous incite à donner en abondance et dans la joie, c'est pour combler les besoins de l'autre parce qu'il ou elle est notre frère, notre sœur, et qu'il s'agit de partager avec lui, avec elle, ce que nous avons reçu de notre Père commun.

Au centuple

Le Seigneur ne ment jamais, il rend vraiment au centuple ce qu'on donne à Lui ou à nos frères. Tous les témoignages convergent pour dire que plus on donne plus on reçoit, dans tous les domaines.

Dans cette épitre, Saint Paul nous incite à donner des biens matériels en abondance, selon nos possibilités à chacun(e). Mais on peut aussi donner du temps en abondance, rendre des services en abondance, faire chanter fréquemment des messes pour des âmes inconnues du purgatoire, offrir largement les souffrances que nous ne pouvons pas éviter. Et l'essentiel, c'est de le faire sans contrainte et avec joie.

D'ailleurs plus on donne, plus ça nous remplit. Même la psychologie scientifique l'a observé ! Les psychologues appellent cette joie particulière qu'éprouvent les gens qui donnent abondamment et se donnent largement « *The helper's high* », « L'ivresse de l'aidant ». Cette joie, c'est le cadeau du Créateur à ceux qui donnent à la manière dont Lui donne.

ಘ

Seigneur, aujourd'hui, aide-moi à choisir quelque chose que je vais donner en abondance.

ಘ

Ma réflexion – Qu'est ce qui me frappe dans cette lecture ?

Mes sentiments – Qu'est-ce que je ressens actuellement ?

Le cœur à cœur – Ma prière :

Aller plus loin – Qu'est-ce que je décide ?

Jour 7

Prévenant

PSAUME
(Ps 23, 1-2ab, 2c-3, 4, 5, 6)

*[Le Seigneur] est mon pasteur ;
je ne manquerai de rien.
Il me fait reposer
dans de verts pâturages,*

*il me mène près des eaux rafraîchissantes ;
il restaure mon âme.
Il me conduit dans les droits sentiers,
à cause de son nom.*

*Même quand je marche dans une vallée d'ombre mortelle,
je ne crains aucun mal,
car tu es avec moi :
ta houlette et ton bâton me rassurent.*

*Tu dresses devant moi une table
en face de mes ennemis ;*

tu répands l'huile sur ma tête ;
ma coupe est débordante.

Oui, le bonheur et la grâce m'accompagneront,
tous les jours de ma vie,
et j'habiterai dans la maison [du Seigneur],
pour de longs jours.

Le plus aimé

Ce psaume est sans doute le plus aimé et le plus connu de la Bible. On est étonné de voir le nombre de personnes qui le connaissent par cœur, souvent dans la version de Louis Segond.

C'est un psaume rassurant, réconfortant. Il nous dit ce que nous avons envie d'entendre. Il console nos cœurs. Il nous sécurise. Il nous rassure, il nous pacifie. Il préfigure le moment où Jésus fera comprendre aux disciples (et à nous) que Dieu est un père.

Un Dieu prévenant

Ce psaume nous présente un Dieu aimable, qui sait tout ce dont nous avons besoin, et qui prévient même nos désirs. Il nous donne tellement que ça déborde. Il est juste car il nous donne une victoire heureuse et triomphante sur nos ennemis. C'est le Dieu d'amour par excellence.

Le Berger

Et Jésus, qui est Dieu, va reparler du berger dans l'Évangile. Il va se montrer un berger, un protecteur, un pourvoyeur. A Cana, il va créer tellement de vin que les mariés en auront probablement à revendre ou à donner aux voisins après la réception. Quand les gens auront faim, Jésus va être touché et va leur donner une surabondance de pains et de poissons. Il va en rester. Il va aller encore plus loin. Ce berger-là va donner sa propre vie en rançon pour ses brebis.

Dans nos vies

Alors, quand nous regardons autour de nous ou dans nos vies, quand nous expérimentons la tristesse, le désordre, la pénurie, nous pouvons avoir la grosse tentation de questionner ce psaume. Le Seigneur est-il vraiment mon berger?

D'abord, dans notre vie, nous pouvons retrouver d'innombrables moments de lumière, où nous sommes capables de citer chacune des paroles de ce psaume, une fois ou l'autre.

D'autres fois, quand il fait sombre, c'est là que se manifeste notre foi. Ma foi me fait savoir que le Seigneur est mon berger même dans le noir, même dans la maladie, le chômage, même dans la pièce où on me retient kidnappé(e), même à la porte de la mort. Car ce n'est qu'après coup qu'on voit les raisons derrière nos problèmes, nos souffrances ou celles de nos proches, derrière les drames de notre environnement. C'est après coup qu'on a parfois la chance de voir comment toute contrariété avait un objectif, minutieusement planifié pour notre bien.

Le don et le choix de la foi

Il est vrai que parfois, comme Job, on ne comprend pas la raison des choses négatives qui nous arrivent. Mais c'est là que se trouve le don de la foi et le choix de la foi. Dieu qui a tant fait pour moi ne saurait m'avoir abandonné. Il a ses raisons, et je lui fais confiance. Bon temps mauvais temps, il est avec moi, invisible, présent, attentif, agissant. Il reste et demeure le Seigneur, Celui qui est mon Bon Berger.

☙❧

Seigneur, aide moi à avoir confiance en Toi, par bon temps comme par mauvais temps.

☙❧

Ma réflexion – Qu'est ce qui me frappe dans cette lecture ?

Mes sentiments – Qu'est-ce que je ressens actuellement ?

Le cœur à cœur – Ma prière :

Aller plus loin – Qu'est-ce que je décide ?

Jour 8

Une journée ordinaire

Évangile de Jésus Christ selon saint Luc (Lc. 4, 38-44)

*[En ce temps-là,]
Jésus quitta la synagogue [de Capharnaüm],
et entra dans la maison de Simon.
Or, la belle-mère de Simon était atteinte d'une grosse fièvre,
et ils le prièrent pour elle.
Se penchant sur la malade,
il commanda à la fièvre, et la fièvre la quitta ;
et s'étant levée aussitôt, elle se mit à les servir.*

*Lorsque le soleil fut couché,
tous ceux qui avaient chez eux des malades, quel que fût leur mal, les lui amenèrent ;
et Jésus, imposant la main à chacun d'eux, les guérit.
Des démons aussi sortaient de plusieurs,
criant et disant :
« Tu es le Fils de Dieu » ;
et il les réprimandait pour leur imposer silence,
parce qu'ils savaient qu'il était le Christ.*

*Dès que le jour parut, il sortit
et s'en alla en un lieu désert.
Une foule de gens se mirent à sa recherche,
et étant arrivés jusqu'à lui,
ils voulaient le retenir, pour qu'il ne les quittât point.
Mais il leur dit :
« Il faut que j'annonce aussi aux autres villes
le royaume de Dieu,
car je suis envoyé pour cela. »
Et Jésus prêchait
dans les synagogues de la Galilée.*

Vingt-quatre heures

Dans ce passage nous voyons une chose plutôt rare dans les évangiles: l'exemple d'une journée entière, ordinaire, «humaine», de la vie de Jésus, du Dieu fait homme.

Le service

D'abord Jésus va à la Synagogue et à son retour il entre chez Pierre. Il trouve la belle-mère de Pierre malade.

Avec compassion, il se penche sur elle et il la guérit. Elle se met alors immédiatement à servir tout le monde.

Il est donc probable que par la suite Jésus mange ; après quoi, un peu plus tard, on commence à lui amener toutes sortes de malades, d'infirmes et de gens tourmentés par de mauvais esprits. Il impose les mains aux gens, l'un après l'autre, pendant des heures et il les guérit. Ainsi, qu'a t il fait ce jour-là? Il a répondu aux besoins des gens toute la journée ! C'est le SERVICE.

La communion

La journée se poursuit. Il est tard, Jésus est fatigué. Il va probablement dormir. A l'aube, il se lève en catimini pour aller se blottir dans le vrai repos, la douce présence de son père. Il se ménage une rencontre intime avec le Père, une complicité, et probablement une entente heureuse sur ce qui doit être accompli. Et ça c'est LA COMMUNION.

La mission

Malgré cela, on le poursuit, on le rejoint dans son lieu secret de prière. Il doit expliquer son but, qui est d'étendre la bonne nouvelle du règne à d'innombrables villes et villages d'Israël. C'est la MISSION.

Un commandement nouveau

Jésus a dit: Je vous donne un commandement nouveau. Ce n'est pas un conseil ni une suggestion. C'est bien un ordre. Car il sait que la seule façon pour la terre de bien fonctionner c'est d'entrer dans la mouvance universelle, la danse de l'Agapè, qui explose partout, dans les constellations, dans la nature, dans les relations de solidarité, les épousailles, la fête.

Tous les gens qui ont fait une vraie expérience de mort imminente rapportent que l'essence même de l'univers, le fin fond de tout, le principe de l'existence, qui tient tout, c'est l'amour. L'amour est pour l'existence ce que l'air est pour nous sur la terre. Ce qu'il y a d'intéressant c'est que quand on y obéit on découvre la paix du cœur, la liberté et la joie. Et la manifestation concrète de l'amour que nous avons pour Dieu ou pour nos frères est le SERVICE.

Que serons-nous ?

Et nous dans tout ça, que devons-nous faire ? Serons-nous une excroissance, une bosse déformée, qui s'efforce de sortir du globe luminescent de l'Existence qui est l'amour ? Est-ce que nous nous tiendrons en dehors de cette absolue réalité? Ou bien entrerons-nous dans ce tout harmonieux ?

Qu'a fait la belle mère de Pierre quand elle a été guérie, ragaillardie? elle s'est activée, gaie et enthousiaste, elle a vérifié les besoins de la maison et s'est immédiatement mise à servir. Et en cela, elle a imité Jésus sans le savoir.

Une boussole

Le choix intelligent, c'est de faire de l'amour une boussole dans nos décisions, et c'est de le répandre autour de nous, dans notre maison, notre famille, notre cercle d'amis, au travail, au gym, au market, en voyage etc. Par l'exemple, par l'aide, les encouragements, les conseils fraternels. C'est de rapprocher les gens et «faire communauté». Nous devons être comme le café qui se verse dans la tasse de lait. Il commence comme un petit filet puis s'étend de plus en plus jusqu'à envahir toute la tasse. Il se mélange au lait, et il le transforme. Le lait ne sera plus jamais le même.

Le service par l'action ou le sacrifice

Comme Il l'a fait pour la belle-mère de Pierre, le Seigneur nous guérit parfois et résout nos problèmes, d'abord parce qu'il nous a créés pour le bonheur, et aussi pour que nous prenions le bâton de la course à relais, et que nous continuions de nous servir les uns les autres. C'est le service par L'ACTION.

Mais parfois nous ne sommes pas (encore ?) guéris. Nos problèmes ne sont pas (encore ?) résolus? Que devons-nous faire? Eh bien, Dieu, notre Père, nous laisse parfois l'épreuve pour que nous aidions nos frères et sœurs à obtenir une libération, une solution, ou le salut, par l'offrande de nos souffrances, pour compléter ce que Jésus a payé sur la croix. C'est le service par le SACRIFICE. Qui aura de toutes façons sa récompense.

Faire fondre le cœur de Dieu ?

Ainsi, quel que soit le cas de figure, malades ou en santé, heureux ou en difficulté, quel que soit l'endroit où nous sommes, nous pouvons toujours faire fondre le cœur de Dieu, qui nous appelle, par son exemple, à l'amour, au service et à la mission.

❧❧

Seigneur, Je veux planifier quelque chose pour te faire plaisir, par le service, par amour.

❧❧

Ma réflexion – Qu'est ce qui me frappe dans cette lecture ?

Mes sentiments – Qu'est-ce que je ressens actuellement ?

Le cœur à cœur – Ma prière :

Aller plus loin – Qu'est-ce que je décide ?

Jour 9

Le Seigneur des brèches

Évangile de Jésus Christ selon saint Jean (Jn 3, 13-17)

*[En ce temps-là,
parlant à Nicodème, Jésus lui dit:]
Nul n'est monté au ciel
si ce n'est celui qui est descendu du ciel, le Fils de l'homme
qui est dans le ciel.
Comme Moïse a élevé le serpent dans le désert,
il faut de même que le Fils de l'homme soit élevé,
Afin que tout homme qui croit en lui [ne périsse point, mais qu'il]
ait la vie éternelle.
En effet, Dieu a tellement aimé le monde,
qu'il a donné son Fils unique,
afin que quiconque croit en lui ne périsse point
mais ait la vie éternelle.
Car Dieu n'a pas envoyé le Fils dans le monde
pour juger le monde,
mais pour que le monde soit sauvé par lui.*

.

Élevé comme le serpent dans le désert

Nicodème, notable juif, Pharisien, demande à Jésus une entrevue. Mais il veut qu'elle se fasse de nuit, en secret, pour que ses confrères ne sachent pas qu'il a pris contact personnellement avec le jeune Rabbin.

A cette rencontre, Jésus va révéler à Nicodème, en un condensé, la condition sine qua non pour entrer dans le royaume de Dieu : naître d'en haut, d'eau et d'Esprit. Et il lui annonce, en primeur par rapport aux leaders religieux de l'époque, le sacrifice du calvaire. Jésus le prépare à accepter le fait que le Messie attendu est, en fait, le Serviteur souffrant décrit par Isaïe, ce Serviteur qui sera « élevé » (**sur la croix**) afin que tout homme qui croit en Lui ait la vie éternelle. Ce passage de l'Évangile est souvent lu lors de la fête de l'Exaltation de la Croix.

« Embrasser » la croix ?

Alors, la question qui nous vient parfois est celle-ci : pourquoi fallait-il que le Fils de l'Homme soit sacrifié sur la croix ? Pourquoi faut-il exalter cette croix ?

« Exaltation » de la croix ? Croix « glorieuse » ? Croix « clé du salut » ? Il n'est décidément pas facile d'associer ces mots !...

Il était une fois...

« Il était une fois …» un jeune prince héritier s'est retrouvé piégé, avec un groupe d'autres personnes, dans une grotte, une caverne, que le groupe était en train de visiter. Un éboulement avait fermé la seule entrée de la caverne. L'unique façon pour tout le monde de sortir et d'être délivré, était de chercher la partie la plus mince de la paroi et de la casser. Une fois trouvée, il fallait que quelqu'un enfonce la paroi, avec sa tête, comme un bélier pour la briser.

Le jeune prince s'est alors offert et a foncé vers la paroi de toute sa force, tête la première. Il a ainsi ouvert une brèche d'où est entrée la lumière et par où les gens ont pu passer. Mais il l'a payé de sa vie.

Deux passages de l'écriture parlent de brèche:

2 Samuel 5, 20 : « Alors David partit pour Baal-Peracim, où il battit les Philistins. Et David déclara : «C'est une brèche que le Seigneur a ouverte devant moi chez l'ennemi comme une brèche ouverte par les eaux.» C'est pourquoi on a donné à ce lieu le nom de Baal-Peracim (c'est-à-dire: Maître [Seigneur] des brèches).

Michée 2, 13 ; Celui qui ouvre les brèches est monté ; devant eux il a ouvert la brèche. Ils ont passé la porte, ils sont sortis par elle ; leur roi, devant eux, est passé : le Seigneur est à leur tête.[4]

Jésus est notre Seigneur des brèches. C'est Lui qui a enfoncé la paroi de la grotte où nous étions enfermés par le péché d'Adam, avec sa tête, son « chef », tête de l'Eglise, pour nous ouvrir le chemin vers la lumière. Il l'a payé de sa vie.

Le prince-ami

Comment ne pas chérir ce geste d'amour? C'est ça l'exaltation de la croix. Embrasser le prince-ami, le frère adoptif si aimant qui s'est blessé la tête et a perdu la vie pour éclater la paroi, le mur de la mort éternelle.

A ses pieds

Agneau immolé et Lion de Juda. Silencieux, mais indompté jusqu'au dernier souffle. Regardons son visage, son attitude. Battu à mort, courbé jusqu'au sol sous la croix, il est resté déterminé, résolu et inébranlable. Comment ne pas tomber à ses pieds, tomber de reconnaissance et d'affection? Comme cette jeune femme qui était tombée, elle aussi à ses pieds, et les avait couverts d'un parfum qui valait un an de salaire. Elle qui avait eu, inconsciemment, la prémonition d'être en face de son Prince.

Dans un échange de compréhension supérieure, dans une dimension éminente de communication, où le Ciel savait déjà ce qui allait se passer, la jeune dame a été introduite sans le savoir - et sans le vouloir - dans le secret du calvaire. En effet, Jésus lui a révélé qu'elle le lavait pour son ensevelissement. Puisqu'elle l'a embaumé à l'avance. Merveille de la prodigieuse et tendre préscience de Dieu, qu'Il a partagée avec cette jeune fille d'Abraham.

Élevé

Oui, Il ne pouvait ne pas être élevé, il ne pouvait pas mourir lapidé, au sol, comme cela se faisait chez les Juifs. Car sinon, comment pourrions-nous regarder vers Lui et l'adorer? Comment des milliers de millions de frères adoptifs auraient-ils pu le voir, lever les yeux vers Lui, Le regarder pour être guéris? Comment le sang de son côté pourrait-il tomber en fontaine sur le centurion dont la tradition dit qu'Il lui a guéri l'œil, et tomber sur nous tous, et sur nos pays, dont nous demandons la guérison?

Passer la brèche

A nous de passer la brèche qu'Il nous a ouverte. De faire le choix de sortir du souterrain ou d'y rester. Pour passer, nous devons enlever la poussière qui nous avait salis dans le souterrain, épousseter nos vêtements, enlever de nos semelles la boue du sol de la grotte. Poussière et boue qui représentent nos péchés petits et grands. Il a fini de faire le travail, à nous d'entrer dans le beau paysage, la Lumière de la délivrance, de façon décente, sans les taches du péché.

Ce nettoyage, c'est une lutte de chaque jour, où on prend de petites ou de grandes décisions, pour renoncer à tout confort ou toute consolation qui seraient contraires au plan du Maître d'Œuvre.

Agrandir la brèche

Et s'il reste quelques roches pointues autour du trou, qui empêchent certains de nos frères et de nos sœurs de sortir à leur tour, il nous faut nous résigner à continuer d'enlever ces roches, avec nos mains, même si elles sont coupantes et que ça blesse un peu. C'est ça porter la croix avec Jésus: compléter son sacrifice par les souffrances que nous n'arrivons pas (encore?) à solutionner ou à vaincre.

❧✦❧

Seigneur je t'offre toutes mes souffrances. Utilise-les je t'en prie pour le bien de mes frères et pour l'avancement du Royaume.

❧✦❧

Ma réflexion – Qu'est ce qui me frappe dans cette lecture ?

Mes sentiments – Qu'est-ce que je ressens actuellement ?

Le cœur à cœur – Ma prière :

Aller plus loin – Qu'est-ce que je décide ?

Jour 10

Jésus n'a pas de filtre

Évangile de Jésus Christ selon saint Matthieu
(Mt 9, 9-13)

En ce temps-là, sortant de Capharnaüm,
Jésus vit un homme, nommé Matthieu,
assis au bureau de péage,
et il lui dit : « Suis-moi. »
Celui-ci se leva, et le suivit.
Or il arriva que Jésus
étant à table dans la maison de Matthieu,
un grand nombre de publicains et de pécheurs
vinrent prendre place avec lui et ses disciples.
Ce que voyant, les Pharisiens dirent à ses disciples :
« Pourquoi votre maître mange-t-il
avec les publicains et les pécheurs ? »
Jésus, entendant cela, leur dit :
« Ce ne sont point les bien portants
qui ont besoin de médecin,
mais les malades.
Allez apprendre ce que signifie cette parole :
Je veux la miséricorde et non le sacrifice.

Car je ne suis pas venu appeler les justes, mais les pécheurs. »

L'appel

D'abord, examinons le fait que Jésus appelle Matthieu. Matthieu est un collecteur d'impôts. C'est un traitre aux yeux de ses compatriotes. Il est Juif, pourtant il collabore avec les Romains. Il prend l'argent des Juifs sous forme de taxes pour les donner à l'envahisseur, à l'occupant.

Les Matthieu d'aujourd'hui

Imaginez que cela se passe maintenant. Qu'est-ce que nous penserions d'une telle personne ? de quelqu'un qui pillerait les ressources de notre pays au profit d'étrangers? qui ruinerait notre nation pour enrichir la leur ? Pourtant, Jésus, en passant, voit Matthieu assis à son bureau, et lui dit sans autre forme de procès «Suis-moi.» Sans état d'âme. Sans commentaire.

Le même regard

Jésus n'a pas de « filtre ». Il voit tout le monde avec le même œil, avec le même regard. Nous sommes tous exactement les mêmes devant lui : des hommes et des femmes qu'il est venu chercher, «ramasser», comme on «ramasse» des gens à un arrêt d'autobus. C'est nous qui pensons que Jésus nous regarde différemment parce qu'on est des gens bien, des gens corrects. Eh bien non, il est venu pour tout le monde.

Il est venu pour...

Ne soyons pas choqués : il est venu pour le petit bébé de trois ans qui aide son frère handicapé ; il est venu pour le père de famille très pauvre qui travaille à la journée dans les rues pour prendre soin de ses quatre enfants ET des deux enfants de son frère décédé ; il est venu pour la religieuse qui soigne des lépreux dans un village où l'on surveille ses moindres gestes et où elle peut être tuée.

Il est aussi venu pour le chef de gang de la zone de non-droit ; il est venu pour celui qui vole l'argent destiné aux malades qui vivent dans la boue du bidonville. Il est venu pour le voisin qui cueille vos fruits par-dessus votre mur. Il était venu pour le larron qui était à côté de lui sur la croix. *« Je te le dis, AUJOURD'HUI tu seras avec moi dans le paradis »*. Le larron est entré au paradis avant les patriarches, avant les prophètes ! Il est venu pour que tous aient la chance de laver leurs vêtements et d'être reçus au paradis.

Matthieu a répondu

Ainsi donc, Il a appelé Matthieu… Mais nous devons faire attention : Matthieu, lui, a répondu à l'appel. Il a invité Jésus chez lui, à manger avec lui, et avec ses amis à réputation tout aussi douteuse.

Jésus appelle. De son regard d'amour il a un plan pour nous. Et nous, que faisons-nous ? Allons-nous répondre ? Immédiatement comme Matthieu ? Ou en prenant un peu plus de temps ? Ou bien c'est trop compliqué ? C'est trop brusque ? C'est trop difficile ?

N'oublions pas qu'il y avait deux larrons près de la croix ! On connait l'histoire. L'un s'est rapproché de Dieu, l'autre s'est éloigné de Dieu. C'est facile pour nous maintenant de dire que nous aurions agi comme le bon larron. Mais à l'époque, le bon larron s'était accolé à quelqu'un qui allait mourir, alors qu'il n'était pas familier à l'idée de la Résurrection. Il a fait un saut dans l'inconnu, il a fait confiance au jeune Rabbin, à l'aveuglette. L'autre larron ? On ne connait pas son sort...

Deux remarques

Parmi les choses que nous pouvons tirer de la lecture de cet évangile, il y en a deux d'intéressantes :

La première, c'est que Jésus appelle tout le monde ; il n'a pas de préjugés. Et nous non plus, nous ne devons pas juger hâtivement de l'avenir spirituel des gens (même si nous devons nous protéger de gens dangereux ou manipulateurs). Dieu aime tout le monde et tous ont la possibilité de travailler pour le royaume s'ils le décident.

La deuxième c'est que, comme Matthieu, nous aussi sommes appelés par Jésus. Quel que soit notre condition de vie, notre situation, notre fonctionnement. Envers nous aussi, Jésus n'a pas de préjugés car nous sommes tous des « publicains », des pécheurs ; il a du travail pour tout le monde. Parfois il nous appelle de façon inattendue comme Matthieu. Parfois il le fait par de petits signes étalés sur le temps. Parfois c'est clair. Parfois c'est subtil.

Appelés à quoi ?

Appelés à quoi ? A la même chose à laquelle il avait appelé Matthieu: à travailler pour le Royaume de Dieu, à porter l'Évangile. Ce sont de grands mots mais ce n'est pas compliqué: il s'agit simplement de faire savoir que Dieu existe et qu'Il est amour, amasser avec Lui. D'ailleurs, a-t-Il dit, *«Qui n'amasse pas avec Moi dissipe»* (Lc 11, 23) !

On peut partir comme missionnaire dans un pays lointain si on veut. On peut organiser de grandes études bibliques nationales avec des étudiants si on peut. Mais on peut aussi être aidant et solidaire avec notre confrère de travail athée, être dévoué pour notre voisin non croyant ou « peu croyant », faire une œuvre de compassion avec des personnes que la misère a éloignés de Dieu. A ce moment, on porte la marque de fabrique de la famille de notre Père qui est AMOUR. On a Son logo inscrit sur nous.

Annoncer le nom de l'Amour

Même sans parler, on peut annoncer que l'Amour existe. Si nous professons notre foi, les autres sauront que les chrétiens sont bons, qu'ils sont porteurs de vie et d'espoir. Et un jour, après avoir montré l'amour, nous pourrons dire, à ces personnes à qui nous sommes envoyés, le nom de l'Amour, les inviter au repas où, comme dit la chanson « *God and man at table are sat down* » (Dieu et l'homme ont pris place à la même table).

Nous pourrons leur dire ce nom qui surpasse tout nom. Celui du Dieu un et trine, Le Grand Je Suis, Le Verbe fait chair, le Dieu qui Sauve (Jésus), Dieu avec Nous (Emmanuel), le Souffle, le Consolateur. Celui qui, de toute éternité, nous a créés pour l'amour et pour le bonheur...

☙❧

Seigneur, Qu'est-ce que tu veux que je fasse pour Toi ?

☙❧

Ma réflexion – Qu'est ce qui me frappe dans cette lecture ?

Mes sentiments – Qu'est-ce que je ressens actuellement ?

Le cœur à cœur – Ma prière :

Aller plus loin – Qu'est-ce que je décide ?

Jour 11

La nuit

PSAUME
Ps 88, 10b-15

Je t'invoque tout le jour, [Seigneur],
j'étends les mains vers toi.
Feras-tu un miracle pour les morts ;
ou bien les ombres se lèveront-elles pour te louer ?

Publie-t-on ta bonté dans le sépulcre,
ta fidélité dans l'abîme ?
Tes prodiges sont-ils connus dans la région des ténèbres
et ta justice dans la terre de l'oubli ?

Et moi, [Seigneur], je crie vers toi,
ma prière va au-devant de toi dès le matin.
Pourquoi, [Seigneur], repousses-tu mon âme,
me caches-tu ta face ?

Le plus sombre

Des gens ont dit que le Psaume 88 est le psaume le plus sombre de la Bible. Alors que la plupart des psaumes sombres, comme le psaume 22 par exemple, se terminent par une note d'espérance, de confiance, le psaume 88 est l'un des rares psaumes de plaintes qui ne finit pas par une phrase ou une strophe positive.

Cette plainte ressemble bien à ce que certains ressentent actuellement dans certaines régions ou dans certaines situations, individuellement ou collectivement, et à ce que nous avons probablement expérimenté, à un moment ou à un autre dans notre vie personnelle, à moins que nous ne soyons en train de le vivre actuellement.

Épuisé

Le psalmiste est dans le noir, l'obscurité totale. Son espérance parait usée. Il est « épuisé », ce qui veut littéralement dire que: « son puits est vide ». Il n'a plus de réserve. Il se sent complètement abandonné du Seigneur. Ce qui parait chez lui c'est la détresse de son âme devant la colère que Dieu manifeste contre le péché de son peuple.

Ombre, lumière, ombre, lumière

Il y a des moments de ce genre dans notre vie de chrétien. Être proche du Seigneur, être obéissant ne garantit pas une marche ininterrompue dans la lumière. Notre parcours ressemble aux moments où nous avions l'habitude de marcher sur un trottoir ou un chemin bordé d'arbres, alors qu'il fait un soleil brillant. Nous passions sous un arbre ombragé, puis nous ressortions dans la lumière du soleil. En séquence : Ombre, Lumière, Ombre, Lumière, Ombre, Lumière… C'était la loi de la nature de notre parcours. Nous trouvions cela normal.

Le monde spirituel est très semblable au monde naturel. Spirituellement, ce sera ainsi toute notre vie.

Il y a, et il y aura les lumières de grandes joies humaines: avoir un bon bulletin à l'école, s'amuser à tue-tête avec ses amis, trouver du travail, vivre un bel amour, avoir des enfants, avoir un beau succès professionnel, réussir un magnifique projet de bienfaisance, gagner à la loterie, être admis dans une association, dans l'université ou dans le couvent de ses rêves. Il y a ou il y aura de grandes joies mystiques, des illuminations sur la parole de Dieu, des célébrations inoubliables, des moments d'incroyable fraternité.

Mais il y a ou il y aura des détresses inattendues : des échecs à l'école, des rejets par des camarades, le chômage, un travail qui nous stresse ou qui nous use, une angoisse par manque chronique d'argent, de grands chagrins d'amour, de terribles injustices, une vie sans réalisation, une maladie physique qui ne s'en va pas, une souffrance psychologique qui vous mine, des ennuis perpétuels dans notre lieu de vie, un(e) partenaire incompréhensif(ve), un abandon, des drames: accidents, kidnappings, viols, deuils...

La Nuit

Lorsqu'on est dans ces périodes d'ombres, et qu'elles semblent ne pas pouvoir finir, malgré nos prières, nos louanges, notre fidélité, quand le Seigneur semble absent, alors, certains mystiques parlent d'un phénomène que connaitra le chrétien un jour ou l'autre, celui de la NUIT. Elle est plus ou moins longue, plus ou moins profonde, selon ce que le Seigneur permet par rapport aux forces de chacun.

Elle vient d'épreuves extérieures pour certains. Mais pour les grands mystiques, comme Ste Thérèse de l'Enfant Jésus ou St Jean de la Croix, elle peut arriver à être La nuit de la foi elle-même, où le mystique est tourmenté par la question «Est ce que Dieu existe?», tout en ayant à l'intérieur de lui-même, au fin fond de son être, l'intime conviction de la présence, de la fidélité et de la douceur du Seigneur.

Un vrai croyant

La vie est faite de lumières et d'ombres. Et les ombres sont parfois très lourdes et très longues. L'incroyant ne vit pas la Nuit; il vit le désespoir, une nuit sans aurore, qui n'a aucun sens. Cependant, si dans cette détresse je peux citer le nom de Dieu, c'est que je suis un vrai croyant.

Si nous nous retrouvons dans la Nuit

Si nous nous trouvons au beau milieu d'une Nuit Obscure, que faire ? Sachons:

Que Dieu ne nous donne jamais un fardeau que nous ne pouvons pas porter. *Saint Paul : 1 Co 10 – 13. Aucune [épreuve] ne vous est survenue, qui n'ait été humaine ; et Dieu, qui est fidèle, ne permettra pas que vous soyez [éprouvés] au-delà de vos forces ; mais, avec [l'épreuve], il ménagera aussi une heureuse issue en vous donnant le pouvoir de la supporter.*

Qu'Il lui arrive souvent d'enlever pour nous le fardeau, de nous soulager, de nous délivrer, de nous guérir. À notre prière ou en nous en faisant la surprise.

Que s'il ne l'enlève pas, il a une raison. Il permet cela pour une cause que nous ne connaissons pas comme cela a été le cas pour Job.

Que si le psaume 88 est un psaume de détresse, les psalmistes nous ramènent vite à la lumi1ere. Le Psaume suivant est un poème de louange et de remerciement: *Psaume 89. Je veux chanter à jamais les bontés [du Seigneur] ; à toutes les générations ma bouche fera connaître ta fidélité. Car je dis : La bonté est un édifice éternel, dans les cieux tu as établi ta fidélité.*

Que de même, Dieu entend nos cris. Il nous donne des consolations spirituelles de paix, d'abnégation, d'offrandes de nos souffrances, qui ont un prix et des résultats que nous ne pouvons pas imaginer.

Que si pour nous, communs des mortels, les périodes de nuit obscure demeureront probablement un mystère jusqu'à ce que nous arrivions au Ciel, certains, comme Roy H. Schoeman, ont eu la chance de découvrir, lors d'expériences mystiques particulières, chacune des causes bénéfiques des moindres de leurs contrariétés ou souffrances.

Je SAIS que Tu es là

L'essentiel pour nous est de savoir que cette expérience du soi-disant abandon de Dieu existe, qu'elle est le plus souvent passagère, ou bien qu'elle ne concerne qu'une partie de notre fonctionnement.

Il ne faut donc pas paniquer, mais se préparer à dire au Seigneur: « Je ne te vois pas, je ne t'entends pas. Mais je SAIS que tu es là. Tu me l'as prouvé en maintes fois. Si tu veux, réponds-moi le plus vite possible. Mais en attendant, je continue avec Toi «ne varietur», «business as usual», fidèle à te servir, à aider mes frères et à t'aimer, irrémédiablement, avec la grâce que tu voudras bien, s'il te plait, m'accorder. »

ಌ

Garde mon âme dans la paix Seigneur. Attire mon esprit vers Toi.

ಌ

Ma réflexion – Qu'est ce qui me frappe dans cette lecture ?

Mes sentiments – Qu'est-ce que je ressens actuellement ?

Le cœur à cœur – Ma prière :

Aller plus loin – Qu'est-ce que je décide ?

Jour 12

En conversation

Évangile de Jésus Christ selon saint Luc (Lc 11, 1-4)

*Un jour que Jésus était en prière en un certain lieu,
lorsqu'il eut achevé,
un de ses disciples lui dit :
« Seigneur, [apprends-nous] à prier, comme Jean l'a appris
à ses disciples. »
Il leur dit :
« Lorsque vous priez, dites :
Père,
que [ton] nom soit sanctifié,
que [ton] règne arrive.
[Donne-nous] aujourd'hui
le pain nécessaire à notre subsistance,
et [remets-nous] nos offenses,
car nous remettons nous-mêmes
à tous ceux qui nous doivent ;
et ne nous [induis] pas en tentation. »*

Jésus en conversation

Dans ce passage, Jésus est en prière. Les disciples l'attendent patiemment, tout en le regardant prier. Ça a dû être beau de regarder Jésus en conversation silencieuse avec le Père ! Quelle béatitude, quel sourire étaient sur son visage ? Pourquoi est-ce à ce moment-là que les disciples lui ont posé leur requête ?

C'est peut-être parce que les disciples l'ont vu prier différemment de la manière de Jean le Baptiste, (dont certains étaient les anciens disciples), qu'ils ont voulu eux aussi entrer dans cette relation particulière avec Dieu. Ils s'attendaient probablement à ce que Jésus leur enseigne comment parler au Seigneur, le Dieu des armées, le Dieu d'Abraham, d'Isaac et de Jacob, le Maître, le Créateur de l'Univers. Celui qu'on aborde en tremblant.

Cet être tout puissant

Pour les disciples, Dieu, c'est cet être tout puissant, assis sur un trône de feu, que servent les myriades de myriades d'anges supérieurs, qui est le maître du temps (qu'il considère comme une goutte d'eau dans l'Eternité), qui a créé les univers et au-delà, c'est à dire des choses qui nous sont proprement inconcevables.

Dites « Père »

Ont-ils été étonnés quand Jésus leur a dit: Quand vous priez, dites « Père » ? Nous ne le saurons pas sur cette terre. La mère de toutes les prières, la prière du Seigneur, a commencé, pour les disciples surpris, par le doux nom de « Père ».

En faisant cela, Jésus a réuni le genre humain, dans son entier, sous son manteau, à l'intérieur de ses deux bras étendus, dans une grande embrassade fraternelle. En un mot, nous sommes non plus des créatures, mais des enfants.

La majesté de l'Amour

Les prophètes de l'Écriture, les mystiques (reconnus par l'Eglise) qui ont eu la chance d'entendre le Père ou de recevoir des messages de Lui, ou ceux qui, lors d'expériences de mort imminente, ont entrevu son trône de loin, ont tous parlé de sa majesté, de sa puissance innommable, de sa majesté certes, mais la majesté de l'Amour, un calme « pesant », large, assuré, puissant, apaisant, compréhensif, une assurance inébranlable, une amabilité affectueuse et protectrice, une prévenance attentive.

Non plus Mon Maître

Il manifeste donc une autorité rassurante, qui n'écrase pas mais qui avertit, enjoint, protège avec une absolue fermeté, dans l'amour, contre le malheur, contre le mal, y compris contre le mal qu'on peut se faire à soi-même par erreur, par désobéissance, par rébellion ou par ignorance. C'est à cet être que Jésus a proposé de parler. Et de l'appeler non plus « Mon maître », mais « Mon père ».

Le raffinement de l'amabilité

Ce qui est intéressant aussi dans la Prière du Seigneur, c'est que Jésus nous propose de souhaiter d'abord des choses agréables au Père. C'est le raffinement de l'amabilité : commencer par présenter des vœux au Père, désirer pour lui des choses qui vont lui faire plaisir, lui souhaiter d'obtenir ce qui lui plait, d'avoir ce qu'Il désire. Pas seulement demander, pour notre satisfaction, mais souhaiter qu'Il soit, lui aussi satisfait : «que ton nom soit déclaré Saint, que ton empire, ta domination, ta royauté arrivent, que ce que tu veux se réalise». Si sa volonté est faite ne sera-ce pas pour notre bonheur? Alors, que sa volonté soit FÊTE !

Comme le font les enfants

Ensuite, puisqu'il est Père, on peut lui demander le pain qu'on aura à manger (tous les genres de pains), pas qu'il ne le sache pas, mais le demander, comme le font les enfants. Parce que Jésus sait que nous aurons toujours des choses à demander, même si le Père connait déjà nos besoins.

Besoin de notre amour

Sachant notre petitesse et notre fragilité, qui est portée à commettre des erreurs, des fautes et des péchés, petits ou grands,

Jésus a aussi ajouté que nous demandions pardon à notre Père, parce que, quoi qu'Il n'ait pratiquement pas beaucoup de besoins, le Père a un grand désir de notre amour, et de notre obéissance.

Lui obéir est un signe que nous avons confiance en lui, que nous croyons qu'Il a raison quand nous suivons le mode d'emploi, le manuel d'utilisation, qu'Il nous a donnés, pour la nature, pour nos relations avec les autres, pour notre propre corps et pour notre relation avec Lui.

Le tissu de la Vie

Il nous incite à pardonner, pour rester dans l'Amour, pour éviter de déchirer le tissu de la Vie qui nous relie tous les uns aux autres, que nous le voulions ou non.

Pour finir, Jésus nous enseigne de supplier le Père de ne pas nous laisser tomber en tentation. Car jusqu'à la fin de notre vie et jusqu'à la fin du monde, où le Malin aura sa fin à lui, plongé pour toujours dans l'enfer, il rodera autour de nous en rugissant, avec ses deux acolytes : le Mal et le Malheur, essayant de nous prendre au piège.

Des héritiers

Alors, approchons-nous du Père, dans la grâce que nous a donnée Jésus d'être appelés des fils et des filles. Approchons-nous du trône, non plus comme des employés, non plus comme des serviteurs, mais comme des héritiers, des princes, des petits frères du Roi des Rois, prêts à appeler le Père avec les petits noms qu'on donne à un papa, prêts à lui donner notre amour. Disposés à lui prêter allégeance, comme des enfants-chevaliers, des fils et des filles, prêts à travailler pour le royaume et à le défendre.

※

En disant le Notre Père je veux, dans mon cœur à cœur avec toi, remplacer le mot « Père » par un terme tendre et affectueux.

※

Ma réflexion – Qu'est ce qui me frappe dans cette lecture ?

Mes sentiments – Qu'est-ce que je ressens actuellement ?

Le cœur à cœur – Ma prière :

Aller plus loin – Qu'est-ce que je décide ?

Jour 13

Le mercure ou l'or

*Lecture de la lettre de saint Paul apôtre aux Galates
(Ga 5, 18-21)*

*[Frères], si vous êtes conduits par l'esprit,
vous n'êtes plus sous la Loi.
Or les œuvres de la chair sont manifestes :
ce sont l'impudicité, l'impureté, le libertinage,
l'idolâtrie, les maléfices, les inimitiés, les [rivalités],
les jalousies, les emportements, les disputes, les dissensions,
les sectes,
l'envie, [les meurtres], l'ivrognerie, les excès de table,
et autres choses semblables.
Je vous préviens, comme je l'ai déjà fait,
que ceux qui commettent de telles choses
n'hériteront pas du royaume de Dieu.*

Crucifier la chair

Cette phrase de Saint Paul « *Ceux qui sont au Christ Jésus ont crucifié en eux la chair* » peut faire peur. Dès qu'on nous demande de crucifier quelque chose, nous voyons tout de suite le sacrifice sanglant de Jésus et cela nous effraie. D'autant plus que Saint Paul nous dit que ceux d'entre nous qui sommes en Jésus doivent crucifier « la chair ».

Est-ce que ça voudrait dire que toutes les satisfactions qu'on pourrait avoir dans la vie, on devrait y renoncer? Et quand il dit de « crucifier les passions et les convoitises », est-ce que ça voudrait dire que nous devrions « crucifier tout ce qui nous passionne et tout ce que nous aimons ».

En fait, parmi toutes les idées que nous pouvons tirer de ce passage, il y a en a trois qui peuvent nous aider :

Saint Paul est spécifique

La première idée, c'est que quand Saint Paul parle de passions et de convoitises, il est spécifique. Il cite des actions : inconduite, impureté, débauche, idolâtrie, sorcellerie, haines, rivalité, jalousie, emportements, intrigues, divisions, sectarisme, envie, beuveries, orgies et autres choses du même genre.

Ce sont des actions impulsives que nous menons, poussés uniquement par ce que nous désirons, sans envisager les conséquences qu'elles peuvent avoir. Ainsi, en parlant de « la chair » que nous devons crucifier, Saint Paul ne parle pas de notre humanité, de notre vie de personne, de notre corps, mais du côté primitif de notre être qui ne peut pas tolérer la frustration. Qui agit sans réfléchir, sans mettre sa foi en Dieu.

Nos passions de basse intensité

Ce que décrit Saint Paul est extrême, et on se dit probablement « Moi, je n'ai jamais posé ce genre d'actions ». Pas si vite. La deuxième idée, justement, c'est que, si on reprend cette « liste » de passions et de convoitises, et qu'on les considère à un degré moins extrême, nous pouvons, à ce moment, retrouver certains actes que nous posons, et qui leur ressemblent. Par exemple :

- L'inconduite, l'impureté, la débauche peuvent avoir rapport à des lectures qu'on fait, des films qu'on regarde, des blagues qu'on n'aimerait pas que la Sainte Vierge Marie entende, des conversations déplacées, des tenues trop suggestives, des amitiés trop proches avec quelqu'un qui n'est pas notre conjoint(e), etc.

- L'idolâtrie, la sorcellerie : Dieu ne veut pas qu'on cherche à connaître l'avenir sans son autorisation ; parfois, nous sommes tellement inquiets que nous consultons les horoscopes pour connaître l'avenir, ou bien nous nous adressons à des personnes qui lisent les mains, les cartes, les ouija, les feuilles de thé, ou à des guérisseurs modernes qui utilisent des énergies, des cristaux, qui appellent par son nom votre soi-disant «ange » protecteur bénéfique, etc. Rien de cela ne vient de Dieu. Dans la Bible, il n'y a que trois noms d'anges connus : Michel, Gabriel et Raphael. Le Seigneur peut décider de nous faire connaître l'avenir en rêve ou lors d'une prière, par une parole de connaissance, mais ce n'est jamais nous qui décidons quand et comment cela va se faire.

- Les haines, les rivalités, la jalousie : on subit parfois tellement de malveillance qu'on peut être porté à haïr des gens, à désirer leur mort. Ou bien on veut être le meilleur, le plus admiré, on déteste quelqu'un qui est, ou qui fait, mieux que nous. On se vante, on se met en avant pour rabaisser un autre.

- Les emportements : un prêtre Bénédictin m'avait dit un jour que la colère était le péché favori de ses paroissiens. C'est ce qu'il entendait le plus en confession. Les frustrations multiples, la mauvaise foi des gens peuvent être des déclencheurs qui nous mettent hors de nous-mêmes et nous portent à crier, à nous mettre violemment en colère, à nous emporter. Ce n'est bon ni pour notre santé ni pour notre âme. Il ne s'agit pas de se refouler, mais il vaut mieux entrer dans une démarche où nous apprenons à informer l'autre du degré de colère que ses actions provoquent en nous, à nous affirmer avec fermeté et à nous faire respecter sans écraser l'autre.

- Les intrigues, les divisions, le sectarisme : parfois on peut avoir tendance à former des clans, à dire que notre groupe d'amis, notre famille, nos camarades, notre religion, nos choix politiques, même notre groupe de prière, sont les meilleurs. Nous n'acceptons pas la différence et méprisons les autres. Nous créons des divisions, ouvertes ou cachées. Nous fonctionnons en sectes. C'est vrai qu'il faut se protéger de ce qui est mauvais ou destructeur, mais il faut se garder des préjugés et du mépris.

- L'envie : il se peut que nous regardions les belles réalisations ou les possessions d'une autre personne, mais qu'au lieu de se réjouir pour elle, ou bien de travailler à obtenir la même chose, nous soyons tristes, frustrés, fâchés, aigris en les voyant.

- Les beuveries, les orgies : il se peut que nous nous laissions griser et emporter par le plaisir d'une sorte ou d'une autre, soit de façon exagérée, soit de façon triviale, illégitime ou intempérée, au lieu d'éprouver du plaisir de façon saine, joyeuse, légitime et socialement acceptable.

Ce n'est pas bénin

Les choses ne sont pas faciles. Très vite on peut tomber dans les actions auxquelles mène la chair comme les appelle Saint Paul. Or ce n'est pas bénin. C'est très sérieux. Ceux qui commettent de telles actions n'hériteront pas du royaume de Dieu ! Jésus, que nous pouvons prendre à la lettre, ne dit-il pas, par exemple, que *« Tout homme qui se met en colère contre son frère devra passer en jugement » (Matthieu 5, 22)* ?

Une bonne nouvelle

La troisième idée, c'est une bonne nouvelle : c'est que ce n'est pas nous, avec notre seule force, qui allons-nous empêcher de tomber dans ces travers. Nous n'allons pas, tous seuls, crucifier la chair au prix d'efforts surhumains. Pour le faire, il nous suffit de nous laisser conduire par l'Esprit.

Au lieu de combattre, comme dans un match de boxe, les désirs, les passions, les emportements de la chair, la chose la plus facile, la moins problématique, la moins frustrante, c'est de prier l'Esprit-Saint pour qu'Il nous conduise, qu'il nous donne les fruits agréables qui accompagnent sa présence : amour, joie, paix, patience, bonté, bienveillance, fidélité, douceur, et maîtrise de soi, qui comblent en nous le vacuum créé par les passions.

Donc, au lieu de crucifier seuls la chair, c'est à l'Esprit que nous demandons de la crucifier pour nous, en aspirant d'abord vers - et en obtenant - les fruits de l'Esprit. Nous pouvons le faire dès que nous sentons approcher une passion négative, une convoitise. Avec l'Esprit-Saint en nous, les choses deviennent plus faciles et agréables.

Prendre une décision

Seulement il nous faut prendre une **décision**: celle de refuser au départ ces convoitises négatives de la chair dont parle Saint Paul. C'est le choix qui est difficile: on a l'impression d'une perte, d'un deuil, de devoir renoncer au plaisir.

Pourtant c'est de notre décision que l'Esprit a besoin. Dès qu'on l'a prise, il s'attache à nous faire haïr les «passions» débridées, les convoitises perverses et négatives, et à nous faire apprécier la joie, la beauté, la plénitude d'obtenir ce que nous voulons, mais à l'intérieur des fruits de l'esprit.

Le mercure ou l'or ?

Comme dit Saint Paul, « *Puisque l'Esprit nous fait vivre, marchons sous la conduite de l'Esprit* ». Les défoulements de la chair sont passagers, avec des joies furtives, insaisissables, fuyantes comme le mercure. L'apaisement de l'Esprit est durable, avec un sentiment de tranquillité, de joie et de plénitude pérennes et solides comme l'or. Que choisirons-nous : le mercure ou l'or ?

Esprit Saint, je t'en supplie, comble-moi de tes fruits, tes gages de bonheur.

Ma réflexion – Qu'est ce qui me frappe dans cette lecture ?

Mes sentiments – Qu'est-ce que je ressens actuellement ?

Le cœur à cœur – Ma prière :

Aller plus loin – Qu'est-ce que je décide ?

Jour 14

Fidèle et sensé

Évangile de Jésus Christ selon saint Luc
(Lc 12, 42-48)

[En ce temps-là, Jésus dit à ses disciples]
[...] « Quel est l'économe fidèle et sage
que le maître établira sur ses serviteurs,
pour distribuer, au temps convenable, la mesure de froment ?
Heureux ce serviteur,
que le maître, à son arrivée, trouvera agissant ainsi !
Je vous le dis, en vérité,
il l'établira sur tous ses biens.

Ce que Dieu désire

Dans ce passage d'évangile, Jésus nous montre une facette intéressante et importante de Dieu : son désir de nous donner des responsabilités, de faire de nous des participants au monde mouvant et évolutif de la création. Lui qui est Père, veut aussi nous faire expérimenter la paternité, la maternité, la fraternité. Il veut faire de nous une famille où l'on est responsables les uns des autres. Avait-Il besoin d'un économe, d'un « intendant » comme disent certaines traductions de la Bible ? Il a besoin surtout de nous apprendre à organiser, à répandre, à relier, à nourrir... C'est pourquoi, Il confie beaucoup à ces enfants qu'il a créés, plaçant certains comme responsables des autres.

Qu'est-ce que Dieu attend de moi?

A chacun, à moi, il a beaucoup confié. Il m'a confié quoi ? De quoi parle Jésus ? Tous ne reçoivent pas nécessairement des charismes de grands missionnaires, de prêtres, de religieux, de religieuses, de personnes envoyées au bout du monde pour des œuvres extraordinaires. Alors, qu'est-ce qu'Il attend de moi?

C'est quoi l'intendant fidèle et sensé, celui qui « *distribue en temps voulu la ration de nourriture* » ? De quelle nourriture s'agit-il?

Eh bien, la nourriture qu'Il m'a donnée, et qu'il s'attend à me voir partager, ce sont ces capacités dont Il m'a fait don, ces richesses qu'Il m'a offertes, et que je devrai distribuer autour de moi. Même quand quelqu'un manque terriblement d'argent, il y a beaucoup de choses que cette personne peut faire dans le royaume de Dieu.

Nourriture

Quelle nourriture veut-Il que je distribue en temps voulu ?

- De la nourriture intellectuelle : je peux avoir des échanges, discuter avec des gens, pour les aider à découvrir les bénéfices qu'il y a à appliquer certaines valeurs dans la vie. Je peux aider à changer des réflexions distordues pour avancer et continuer à aider les autres autour de moi; échanger avec des amis, des employés, des connaissances, dans un transport public, dans un avion. Et, moi aussi, si ma réflexion est faussée, je dois pouvoir écouter d'autres personnes plus sages.

- De la nourriture matérielle. Dans les temps de grande pénurie, nous avons beaucoup de possibilités de partager des biens concrets. Le Seigneur sera content de nous si nous le faisons.

- De la nourriture émotionnelle : dans ces temps troublés (ou ceux qui le sont moins), Jésus s'attend à ce que nous consolions ceux qui en ont besoin, que nous montrions notre solidarité en terme émotionnel avec des gens dont le cœur se déchire, que nous raffermissions, que nous donnions espoir. C'est là une nourriture que nous pouvons distribuer.

- De la nourriture éducative comme de donner des informations de simple gestion financière, de passer des valeurs civiques, d'enseigner un savoir-faire à des jeunes qui n'ont aucune occupation.

- De la nourriture manuelle, comme de cuire un bon bouillon pour un voisin dont nous sentons qu'il n'a pas de provisions ce jour-là ; coudre un vêtement pour une personne dans le besoin ; fleurir et décorer la maison d'une personne âgée qui vit seule.

- De la nourriture physique, pour ceux d'entre nous qui avons une certaine résistance dans ce domaine : aller baigner régulièrement un malade solitaire, faire une marche le matin (là où c'est possible) avec quelqu'un à qui on l'a prescrit et qui hésite à le faire seul(e).

- Une autre nourriture, c'est celle de faire connaitre Dieu. D'abord Le faire connaitre par l'exemple, car dès que nous posons un acte d'amour, nous posons un « acte de Dieu », nous rendons Dieu présent parce que Dieu est Amour. Donc donner l'exemple de l'amour c'est prêcher.

Mais aussi, Le faire connaitre par la parole, car il y a des gens qui ne connaissent tout simplement pas la Parole de Dieu. Ils ne connaissent pas nécessairement le sens du sacrifice de la croix. Ils ne connaissent pas certaines règles morales de base, certains préceptes que Dieu nous demande de suivre.

Avec beaucoup de gentillesse, un sourire, peut être un brin de taquinerie, nous pouvons les introduire à cela, comme « Tu sais que Dieu n'aime pas tellement ceci ou cela ; essaie donc de faire comme ceci ou comme cela de préférence ». Ceci est aussi une nourriture.

Et pour aller plus loin, pour ceux d'entre nous qui veulent faire les choses de manière plus robuste, nous pouvons relire ou lire le Catéchisme de l'Eglise Catholique, en tout cas ses parties les plus importantes. Ce sera utile pour les fois où nous serions en face de frères ou de sœurs qui se disent catholiques mais qui ignorent vraiment ce que cela veut dire ; nous pouvons échanger avec eux, tout en les écoutant aussi, et en étant prêts à apprendre d'eux des comportements comme l'amour, la solidarité, le dévouement. Eh bien, quand Jésus parlait de « *celui qui distribue en temps voulu la ration de nourriture* », c'était de cela, de ces rations de nourriture qu'il parlait.

Fidèle

Enfin, il y a un mot important dans ce passage de l'Évangile. C'est le mot «fidèle » dont Jésus qualifie le bon intendant, l'économe. Le passage parait facile, mais il est rempli de subtilités. Fidèle, c'est-à-dire qui dure sur le temps. Les choses ne sont pas du tout faciles. À tout moment nous pouvons vouloir nous décourager, dire «J'en ai marre ! J'en ai assez !», «Je fais du bien et voici ce que je récolte !», « On me vole!», «Ils parlent mal de moi!» Ou bien tout simplement «Je suis fatigué(e) !».

C'est normal. C'est humain. Mais le fait de savoir que nous avons une nourriture à distribuer, que nous sommes des intendants, et que nous devons être fidèles, cela nous aide à nous reprendre. Notre vie peut être longue, mais elle ne sera jamais un long fleuve tranquille. Le Seigneur le sait ; il nous appelle à la solidarité et à la responsabilité dans la durée. Dans la constance. Dans la confiance. Aidés par l'Esprit Saint. Et la récompense sera incommensurable

☙❧

Seigneur donne-moi la grâce de la fidélité.

☙❧.

Ma réflexion – Qu'est ce qui me frappe dans cette lecture ?

Mes sentiments – Qu'est-ce que je ressens actuellement ?

Le cœur à cœur – Ma prière :

Aller plus loin – Qu'est-ce que je décide ?

Jour 15

Une place à table

Évangile de Jésus Christ selon saint Luc (Lc 13, 25-28)

[En ce temps-là, Jésus enseignait en s'avançant vers Jérusalem.]
Quelqu'un lui demanda : « Seigneur, n'y aura-t-il qu'un petit nombre de sauvés ? »
Il leur dit : [...] « Une fois que le père de famille se sera levé et aura fermé la porte,
si vous êtes dehors et que vous vous mettiez à frapper,
en disant :
Seigneur, [ouvre-nous] !
Il vous répondra :
Je ne sais d'où vous êtes.

Alors vous vous mettrez à dire :
Nous avons mangé et bu devant [toi],
et [tu as] enseigné dans nos places publiques.
Et il vous répondra :
Je vous le dis, je ne sais d'où vous êtes ;
retirez-vous de moi, vous tous, ouvriers d'iniquités.

C'est alors qu'il y aura des pleurs et des grincements de dents,
lorsque vous verrez Abraham, Isaac et Jacob,
et tous les prophètes
dans le royaume de Dieu,
tandis que vous serez jetés dehors. »

Il en viendra de l'Orient et de l'Occident,
de l'Aquilon et du Midi ;
et ils prendront place au banquet dans le royaume de Dieu.
Et tels sont les derniers, qui seront les premiers ;
et tels sont les premiers, qui seront les derniers. »

Je ne sais pas d'où vous êtes

Jésus a raconté cette parabole pour avertir les Juifs de son temps. Il voulait les inciter à écouter sa Parole au moment où il la disait. Il voulait les prévenir de ce qui arriverait s'ils laissaient passer la chance de comprendre l'annonce du Royaume de Dieu au moment même et d'y adhérer.

« *Je ne sais pas d'où vous êtes* ». Cette terrible phrase d'avertissement s'adressait à eux certes, mais ne nous y trompons pas : tous les humains sont sur un continuum. Nous sommes tous un peuple, une longue lignée d'hommes et de femmes, depuis la création, appelés à marcher vers notre Créateur. Imaginons Jésus debout, en face de nous, nous dire qu'il ne sait pas d'où nous sommes.

« *Nous avons mangé et bu en ta présence et tu as enseigné sur nos places* ». Les Juifs mangeaient sur leurs portiques devant Jésus, il a parlé dans leur quartier. Il était là, mais eux, étaient-ils « là » comme ils devraient l'être? De quelle oreille écoutaient-ils? Quel intérêt portaient-ils?

Où est Jésus actuellement?

Une question à nous poser serait : Jésus n'est plus sur nos places publiques, où est-il actuellement dans nos vies?

La réponse ? Il est à l'église le dimanche ou la semaine, dans les groupes de prière, sur les rencontres spirituelles en direct sur les réseau sociaux, à la radio, sur mon téléphone, dans la voix d'un ami ou d'un prêtre qui nous indique le chemin, dans le besoin d'une personne qui a des problèmes… Jésus est là actuellement. Et moi, est ce que je suis « là » comme je devrais? Intéressé, concerné, attentif, prenant les choses très au sérieux?

On viendra de partout

On viendra de partout de l'est, de l'ouest, du sud, du nord de la planète pour entrer dans la salle du festin de Dieu, dit Jésus. Donc, ceux que les Juifs appellent des païens, entreront au paradis.

Mais on viendra aussi de l'est, de l'ouest, du sud, du nord de mon propre quartier, de ma propre maison pour participer à la fête. Qui sont tous ces gens improbables qui seront accueillis par Jésus ?

Ils viendront de chez moi : l'employée de maison qui a une vie de grande et discrète piété, ma fille, mon fils, ma grand-mère, ma tante, mon oncle, qui ont une meilleure vie de prière et de sainteté que moi,

Ils viendront de mon quartier : les gens de la réunion bruyante de prière de la porte à coté, ma voisine qui va aider dans un orphelinat chaque premier samedi du mois,

Ils viendront de mon groupe d'amis : l'agnostique qui paie l'écolage annuel de quatre enfants, l'athée qui fait descendre les jeunes filles mal assises sur les motos taxi et les prend dans sa voiture pour préserver leur décorum. Ce sera l'ennemi à qui je n'ai pas pardonné et qui pourtant a changé de comportement et se conduit de façon exemplaire.

Ils viendront de mon travail : le messager du bureau qui gagne un maigre salaire, mais a recueilli chez lui un petit garçon qui mourait de faim dans la rue et qui volait des oranges, le patron mal élevé qui bâtit en secret des petites maisons pour le petit personnel de son entreprise,

Ils viendront de la société autour de moi : le bandit emprisonné qui refuse de dénoncer un autre prisonnier malade, en contravention, et qui se laisse punir à sa place, le racketteur du quartier qui se lâche dans une rivière en crue pour sauver une famille d'inconnus dont la maison vient de s'effondrer pendant une inondation.

Ces gens viendront du nord et du sud, de l'est et de l'ouest *de mon environnement immédiat*, et prendront place dans le royaume pendant que, si, aujourd'hui, je ne fais pas attention, demain je ne pourrai pas entrer par la porte étroite, pour traverser vers le paradis (un lieu si propre, si brillant, si impeccable, et si parfait), avec toute la masse d'impuretés que j'aurai sur mon vêtement.

Des premiers et des derniers

Oui il y a des derniers (pas tous) qui seront premiers et des premiers (catholiques-apostoliques-romains, « confessés-communiés-confirmés », baptistes, méthodistes, évangéliques ou autres, « baptisés », portant le nom de chrétiens) qui seront derniers.

Attention ! Ça ne veut pas dire qu'on peut pécher et qu'on n'a qu'à faire de bonnes petites actions et que tout ira bien ! Non ! Ces derniers qui seront premiers, dans l'Evangile, ce sont les peuples païens qui ne connaissaient pas la parole de Dieu et qui se sont convertis en l'entendant.

Pour notre temps les derniers qui seront premiers ce sont des gens qui ne connaissent pas bien Dieu (son Esprit-Saint, son amour, sa parole, ses invitations, ses injonctions et ses interdits), ou bien des gens qui obéissent cahin-caha malgré leur souffrance, des gens qui n'ont pas beaucoup reçu mais qui ont obéi naturellement à leur conscience et ont été jugés dignes par la Trinité d'intégrer le Ciel.

Il nous invite déjà à sa table

Notre chance, c'est que depuis deux mille ans déjà notre Maître tant aimé, notre frère tendre, notre aimable Rédempteur, nous invite à sa table. Et le festin qu'Il nous donne c'est son corps démantelé pour nous, son cœur déchiré. Comme dit la chanson : « *Dieu a mis son corps entre nos mains* », avec la version anglaise: « *God and man at table are sat down* (Dieu et l'homme ont pris place à la même table) ».

Approchons nous de sa table dès maintenant, en état de grâce, en nous dépouillant de nos péchés. La nourriture de son corps qu'Il nous donne aujourd'hui nous soutiendra, nous aidera à faire sa volonté, nous comblera de l'Esprit Saint, pour qu'arrivés à la porte étroite, nous puissions entrer sans hésiter comme des fils et des filles longtemps attendus.

❧❦

Jésus, enseigne-moi ce que les Juifs avaient entendu sur les places publiques d'Israël.

❧❦

Ma réflexion – Qu'est ce qui me frappe dans cette lecture ?

Mes sentiments – Qu'est-ce que je ressens actuellement ?

Le cœur à cœur – Ma prière :
_____
_____
_____
_____
_____
_____
_____
_____
_____
_____
_____
_____

Aller plus loin – Qu'est-ce que je décide ?
_____
_____
_____
_____
_____
_____
_____
_____
_____
_____
_____

Jour 16

Le côté droit du Temple

Lecture du livre du prophète Ezéchiel, (Ez 47, 1-2)

*[En ce temps-là, pendant une vision divine]
L'homme [...] me ramena [...] à l'entrée [du temple].
Et voici que des eaux sortaient de dessous le seuil [du temple],
du côté de l'orient ;
car la face [du temple], regardait l'orient.
Et les eaux descendaient de dessous le côté droit [du temple],
au midi de l'autel.
Il me fit sortir par le portique du septentrion
et me fit faire le tour à l'extérieur,
jusqu'au portique extérieur qui regardait l'orient ;
et voici que les eaux coulaient du côté droit.*

Beauté et majesté

Qu'est-ce qu'on peut bien pouvoir trouver à dire de ce passage ? de cette « maison », de ce temple? de cette eau ? Qu'est-ce que nous pouvons y trouver pour nous, aujourd'hui ?

Le premier bénéfice que nous en tirons c'est l'admiration de cette beauté, la vision de ce Temple merveilleux, avec une eau qui en jaillit. Il s'agit d'un temple resplendissant et d'une eau exceptionnellement cristalline. Les images que nous en avons des Bibles illustrées montrent un temple époustouflant de magnificence, de majesté, d'éclat, des couleurs chatoyantes, un paysage luxuriant, une abondance d'eau, de fruits, de verdure. Beauté et majesté.

Des images prodigieuses

Mais ce qu'il y a à apprendre de cette eau et de ce temple est énorme. Ezéchiel a eu cette vision entre les années 593 et 571 avant Jésus Christ. Donc c'est près de 600 ans avant la naissance de Jésus qu'Ezéchiel, qui allait tranquillement son bonhomme de chemin, a eu cette expérience. C'est intéressant de lire la vison d'Ezéchiel en son entier, parce qu'il y décrit des images prodigieuses et cela nous montre ce que nous aurons comme spectacle, à quelle merveille nous ferons face quand nous auront fait le passage vers le ciel une fois que nous aurons nettoyé le vêtement de notre âme.

Ezéchiel a manifestement traversé dans une autre dimension, pour avoir contemplé un temple d'une telle magnificence, éclatant de splendeur avec des couleurs extraordinaires, un paysage luxuriant, une abondance de bonnes choses, des fruits, de l'eau, un paysage verdoyant, le tout d'une beauté et d'une majesté extraordinaires.

Le temple de Salomon ?

Est-ce le temple de Salomon qu'avait vu Ezéchiel ? Il avait connu le temple de Salomon dans la vraie vie. Il a eu ses visions vers 593, et le temple de Salomon a été détruit en 587 avant Jésus-Christ. La vision a eu lieu environ six ans avant la destruction du temple. On aurait pu croire qu'Ezéchiel décrivait ce temple réel avec lequel il était familier. Or la description et les dimensions qu'a rapportées Ezéchiel du temple de sa vision ne correspondent ni aux dimensions, ni à la description du temple de Salomon, dépeints dans les Livres des Rois et dans le livre des Chroniques. Ce n'est donc pas le temple de Salomon qu'Ezéchiel a vu pendant son extase.

Du côté de l'Orient

La façade du temple était du côté de l'Orient. Pour s'orienter, les personnages de la Bible ne se positionnaient pas par rapport au Nord comme nous le faisons actuellement, mais à partir de l'Est, de l'Orient. Le mot qu'ils employaient était « *qedem* » ou « *qedmah* » en hébreu. Cela signifiait « Est », « Orient », mais aussi « Origine », « Passé », « Commencement ».

Selon le livre d'Ezéchiel *(Ez 44, 1-3)*, la porte extérieure qui était à l'orient devait rester fermée. Pourquoi ? Parce que « Le Prince » dont il parle dans ce passage allait être le seul à pouvoir la franchir.

Du temps de Jésus, le Temple de Jérusalem était orienté vers l'Est et faisait face au Mont des Oliviers. Il y a de fortes probabilités que ce soit par la porte Orientale de la muraille qui existait à l'époque que Jésus soit entré dans Jérusalem, monté sur un âne.

C'est aussi de la porte orientale qu'Ezéchiel *(Ez 10, 18-19)* a vu se retirer du temple la Gloire de Dieu qui y demeurait depuis l'époque de Salomon *(2 Chroniques 7, 1)*. La Gloire de Dieu s'est élevée par la porte Orientale, s'est dirigée en direction du Mont des Oliviers qui lui fait face, s'est ensuite élevée pour ne plus y revenir.

« Il me ramena vers le porche extérieur du sanctuaire, face à l'orient. Il était fermé. [Le Seigneur] me dit : Ce porche sera fermé. On ne l'ouvrira pas, on n'y passera pas, car [le Seigneur], le Dieu d'Israël, y est passé. Aussi sera-t-il fermé. Mais le prince, lui, s'y assiéra pour y prendre son repas en présence [du Seigneur]. C'est par le vestibule du porche qu'il entrera et c'est par là qu'il sortira. » (Ez 44:1-3)

Le côté droit du Temple

L'eau descendait de dessous le côté *droit* de la maison, au sud de l'autel. Pourquoi le côté droit? Ça nous rappelle quoi? Jésus avait dit dans le Nouveau Testament : *« Détruisez ce temple et je le rebâtirai en trois jours»*. En quoi est-ce que le temple resplendissant qu'a vu Ezéchiel ressemble au temple auquel Jésus faisait allusion, c'est-à-dire à Lui-même ?

Eh bien, regardons Jésus en croix. Saint Jean nous dit: *«mais un des soldats lui transperça le côté avec sa lance, et aussitôt il en sortit du sang et de l'eau.» Jn 19, 34*. De l'eau et du sang ont coulé du cœur transpercé de Jésus. D'où venaient-ils, et de quel côté ont-ils coulé ? Ils sont sortis du cœur et des poumons de Jésus.

Normalement, est ce qu'ils n'auraient pas dû sortir du côté gauche, puisque le cœur se situe à gauche? Mais le bourreau n'avait pas entré la lance en face de la poitrine de Jésus car elle se serait heurtée aux os du diaphragme. Saint Jean dit qu'il lui perça « le côté ». Cela est clair sur le Saint Suaire de Turin. Le Centurion a glissé la lance au côté *droit* de la poitrine de Jésus, afin d'atteindre le cœur par l'intérieur!

Du sang et... de l'eau

Médicalement, à cause de l'intensité de ses souffrances et de la perte de beaucoup de sang, Jésus a connu un choc hypovolémique, une intense déshydratation, ce qui a porté son cœur à battre de façon excessive pour essayer de trouver du sang à pomper dans le reste du corps.

Dans ces cas-là, peu avant la mort, de l'eau s'accumule dans la membrane qui se trouve autour du cœur et des poumons de la personne. Ainsi, lorsque la lance a pénétré dans la poitrine de Jésus, elle a percé les poumons et le cœur, ainsi que les sacs qui se trouvaient autour des poumons (épanchement pleural) et du cœur (épanchement péricardique).

Ainsi, il est sorti de son côté droit du sang et de l'eau : *«mais un des soldats lui transperça le côté avec sa lance, et aussitôt il en sortit du sang et de l'eau.» (Jn 19, 34)*

Ce qu'Ezéchiel a vu

Comprenons-nous maintenant ce qu'Ezéchiel avait vu? Le temple magnifique qu'Ezéchiel avait vu c'est Jésus Christ, le Fils, le Verbe, le Roi de gloire, le Rédempteur! Le temple est son corps, et son cœur est la source de tout.

L'eau venant de l'Autel

En effet, Ezéchiel précise encore que l'eau sort du sud de l'autel. Le sud de l'autel, selon la configuration du temple vu par Ezéchiel, se trouve à son côté droit. Sur le Saint Suaire de Turin, l'épanchement se trouve du côté droit du cœur du crucifié dont l'image nous est offerte. L'autel était dans le cœur du temple, le Saint des Saints. De même, l'eau est sortie du cœur de Jésus, de son sein, du Saint des Saints, le cœur de son sacrifice.

Selon ce que rapporte Saint Jean dans son Évangile : « *Le dernier jour de la fête, le grand jour, Jésus s'écria : «Si quelqu'un a soif qu'il vienne à moi et qu'il boive, celui qui croit en moi !» selon* (précise Saint Jean) *le mot de l'écriture : de son sein couleront des fleuves d'eau vive»* » *(Jean 7, 37)*.

L'autel vers lequel nous marchons

L'autel du temple de pierre de Jérusalem a été détruit. L'autel vers lequel nous pouvons avancer, nous, est le Cœur de Dieu, le Cœur percé de Jésus, notre Magnifique Rédempteur.

C'est dans ce cœur qu'Il nous propose de nous refugier, le cœur sacré, le cœur miséricordieux, le cœur du pardon. C'est parce que ce cœur s'est laissé percer qu'il a pu en sortir du sang et de l'eau. Une eau qui va devenir un fleuve de plus en plus immense. « *Laissez-moi me baigner dans cette source !* » chante un artiste chrétien. On voit qu'il a goûté à l'eau du fleuve…

☙❧

> Jésus, Cœur de Tendresse, merci de nous avoir lavé par le sang de ton cœur percé.

☙❧

Ma réflexion – Qu'est ce qui me frappe dans cette lecture ?

Mes sentiments – Qu'est-ce que je ressens actuellement ?

Le cœur à cœur – Ma prière :

Aller plus loin – Qu'est-ce que je décide ?

Jour 17

Le Cœur de Dieu

*Évangile de Jésus Christ selon saint Matthieu
(Mt 13, 44-46)*

*[En ce temps-là,
Jésus disait à la foule :]
« Le royaume des cieux est encore semblable
à un trésor enfoui dans un champ ;
l'homme qui l'a trouvé l'y cache de nouveau, et,
dans sa joie, il s'en va, vend tout ce qu'il a,
et achète ce champ.
« le royaume des cieux est encore semblable
à un marchand qui cherchait de belles perles.
Ayant trouvé une perle de grand prix,
il s'en alla vendre tout ce qu'il avait,
et l'acheta.*

Tout vendre pour l'acquérir

Qu'est le Royaume de Dieu pour qu'il soit comparable à un trésor, à une perle de grand prix ? La découverte de ce trésor, c'est la découverte de quoi ? C'est la question à un million de dollars que l'on peut se poser à la lecture de cette parabole de

Jésus. Comment savoir quand nous tombons sur cette merveille au point que nous soyons prêt à vendre tout ce que nous possédons pour l'acquérir ?

Une vie cachée à l'œil profane

Au fait, la découverte du trésor, c'est la découverte d'une vie différente, une vie nouvelle, la vie en Dieu. La vie dans le cœur de Dieu, dans le cœur de l'amour.

Il faut avoir fait l'expérience

- de l'aide désintéressée venant d'inconnus, unis dans la même foi,
- d'une vraie compassion,
- d'une solidarité agissante entre amis(es) partageant la même conviction,
- d'un amour fraternel réel, intense et solidaire,
- de célébrations ferventes, pures comme du cristal, avec des chants qui montent du plus profond du cœur,
- d'adorations communes du Saint Sacrement, dans un silence total, rempli à en pleurer de la présence de Jésus,
- de l'expérience personnelle de la Présence de Dieu, venant de l'ostensoir, et envahissant la pièce, imprégnant complètement les frères et sœurs se trouvant aussi là, de telle sorte que, dans la nuit ou dans le silence, à genoux ou prosternés, on soit pénétrés de la certitude d'être UN,

…il faut avoir fait soi-même ces expériences pour comprendre qu'il y a une vie cachée à l'œil profane, indépendamment des objets ou des choses matérielles (maisons, meubles, vêtements, bijoux, voyages, statuts professionnels etc.) impossible à acquérir avec de l'argent, comme le serait un « style de vie », un confort, des objets ; une vie que l'on ne peut expérimenter que gratuitement.

« Dieu existe, je l'ai rencontré »

Un des récits de conversions parmi les plus célèbres de l'Église Catholique est celle d'André Frossard. Il l'a racontée dans son petit livre, devenu un classique des livres spirituels: *Dieu existe, je l'ai rencontré*. Dans son livre il dit que le 8 juillet 1935, jeune journaliste de vingt ans, il est entré, à 17h10, en tant qu'athée de naissance dans une petite chapelle des religieuses de l'Adoration du Quartier Latin à Paris, et qu'il en est ressorti, cinq minutes plus tard, selon ses propres mots, « catholique apostolique romain ». Cette expérience était tellement inattendue qu'il dira dans une interview, des années après : *« J'ai rencontré Dieu comme on rencontre un platane. C'est un fait, point final ! »*

Il raconte que c'était comme si la lumière de Dieu, qui, dans cette circonstance sortait du Saint Sacrement exposé, l'avait saisi d'un seul coup, l'avait frappé, l'avait ébloui, l'avait complètement encerclé et lui avait indiqué en quelques secondes la vérité : c'est à dire qu'il existe une Vie autre que celle qui est visible, une vie spirituelle inexprimable, et que Dieu existe.

Selon ses propres mots, en entrant dans la chapelle, il distingue une

> *« espèce de soleil rayonnant au fond de l'édifice : je ne savais pas qu'il s'agissait du Saint-Sacrement. »* [...] *D'abord je me sentis souffler ces mots "Vie Spirituelle"... comme s'ils étaient prononcés à voix basse...* [Une lumière incandescente le frappe alors :] *« C'est un cristal indestructible, d'une transparence infinie, d'une luminosité presque insoutenable (un degré de plus m'anéantissait), plutôt bleue. Un monde, un autre monde d'une splendeur et d'une richesse qui, du coup, renvoient le nôtre parmi les ombres fragiles des rêves non réalisés... l'évidence de Dieu... duquel je sens toute la douceur... une douceur active, bouleversante, bien au-delà de la violence, capable de briser la pierre la plus dure et plus dure que la pierre, le cœur humain.*

Une autre manière d'exister

Donc, il existe une autre vie (et il ne s'agit pas encore de la vie de l'au-delà), une autre manière d'exister, une autre manière de penser, une autre manière de ressentir, une autre expérience existentielle, une plénitude, un autre rapport - paisible, attentionné, aimant, aidant - à l'autre, une paix, une tranquillité, une positivité, qu'on ne peut pas communiquer mais qu'on ne peut que vivre.

Pour certains, plus cérébraux, qui n'ont pas le type de sensibilité qui leur permettrait de le vivre émotionnellement, il y a une certitude, une assurance, une tranquillité, une connaissance inébranlable, la foi dans la vie en compagnie d'un être d'amour, d'une totale puissance, qui ne peut les tromper.

Certitude

La vie en Dieu, qui est le résultat d'un choix d'obéir à Dieu, donc de croire en Lui, est un don. Ce don peut nous tomber dessus comme c'est arrivé à André Frossard et à d'autres, comme Roy Shoeman. Elle peut se manifester de la manière la plus inattendue comme l'expérience soudaine d'une plénitude et d'une incommunicable joie. Mais la vie en Dieu peut aussi s'insinuer dans notre existence comme un mince filet d'eau souterraine qui ensemence notre parcours de foi d'une certitude voilée, tenace, inébranlable, et qui bannit pour toujours de notre vie même la possibilité du désespoir.

Comment y arriver ?

Ces expériences, ces trésors, ces perles, sont alimentées par les Paroles sacrées que nous entendons, les découvertes que nous faisons à la lecture de la Bible, les sermons, les commentaires, les méditations que nous écoutons. Elles grandissent aussi par le vécu ou l'observation d'intenses relations d'amitié fraternelle auxquelles nous assistons, par des chants ou des célébrations d'une ferveur dont l'intensité vient du fait que Dieu y soit présent bien vivant.

On ne peut pas faire ces expériences au moment où on jouit de plaisirs extérieurs -- quoique légitimes -- puisque ces plaisirs, ces satisfactions portent en elles-mêmes leur propre finalité. Le plaisir d'une belle séance de cinéma par exemple, porte en lui sa propre satisfaction. Donc cela ne nous permet pas d'éprouver autre chose, qui serait de l'ordre d'une plénitude spirituelle. Ces expériences demandent une certaine sobriété, un silence intérieur.

La démarche d'aller à une retraite, une messe, une rencontre de louange, une adoration nocturne du Saint Sacrement, une session de prière, un séminaire, un camp d'aide à des personnes fragiles ou dans le besoin par exemple, supposent un renoncement à quelque chose, un abandon de ce qu'on a (activité, projet immédiat, plan autre) pour aller chercher un trésor.

Prêt à vendre

Une fois qu'on y a gouté (car là où est le Saint Esprit, immanquablement se trouvent la Joie et la Paix), on est prêt à « vendre ».

à « vendre » réellement leurs biens pour certains, appelés à de grandes vocations,

à « vendre » virtuellement pour nous, communs des mortels, tout ce que nous avions prévu initialement comme projet pour revivre ce genre d'expérience, qui est l'expérience du Royaume de Dieu, l'expérience de la vie dans le Cœur de Dieu.

De nouveaux repères

A ce moment, l'idée qu'on pourrait vivre autrement, sans la proximité de Jésus, qu'on pourrait perdre le trésor de la foi, nous dérangera tellement qu'elle nous amènera, sans parfois qu'on s'en rende compte, à faire place à une nouvelle organisation de notre existence, à de nouveaux repères, de nouveaux choix et même parfois à un nouvel environnement physique et social.

Plutôt que de perdre ce trésor que nous aurons trouvé, nous pouvons nous retrouver à éliminer tout ce qui peut lui faire obstacle, jusqu'à, on ne sait jamais, nous retrouver dans la situation du négociant de la parabole.

❧

Merci Seigneur pour le jour où Tu m'as fait trouver ton amitié, comme le trésor et la perle de ma vie.

❧

Ma réflexion – Qu'est ce qui me frappe dans cette lecture ?

Mes sentiments – Qu'est-ce que je ressens actuellement ?

Le cœur à cœur – Ma prière :

Aller plus loin – Qu'est-ce que je décide ?

Jour 18

Un cheveu

Évangile de Jésus Christ selon saint Luc (Lc 21, 12-19)

*[En ce temps-là,
Jésus, parlant à ses disciples, disait :]*

*« [...] on mettra les main sur vous, et l'on vous persécutera ;
on vous traînera dans les synagogues et dans les prisons,
on vous traduira devant les rois et les gouverneurs,
à cause de mon nom.
Cela vous arrivera, afin que vous me rendiez témoignage.
Mettez donc dans vos cœurs
de ne point songer d'avance à votre défense ;
car je vous donnerai moi-même une bouche et une sagesse
à laquelle tous vos ennemis
ne pourront ni répondre, ni résister.
Vous serez livrés même par vos parents,
par vos frères, par vos proches et par vos amis,
et ils feront mourir plusieurs d'entre vous.
Vous serez en haine à tous à cause de mon nom.*

Cependant pas un cheveu de votre tête ne se perdra ; par votre constance, vous sauverez vos âmes.

Feu extérieur, paix intérieure

Ce que le Seigneur nous dit par ce passage n'est pas compliqué : Il est venu mettre un feu sur la terre. Il nous donne la paix intérieure, mais il met le feu autour de nous parce que Sa parole dérange le péché, contrarie le mal.

De même qu'il avait averti ses disciples, au temps où il était au milieu d'eux sur la terre, nous qui sommes ses canaux, qui faisons passer, de lui vers les autres, l'eau de sa parole, nous serons visés comme on vise les journalistes qui disent la vérité et dérangent.

Dérangeant

Jésus a un agenda, qui est de répandre l'amour sur la terre, de faire un monde de frères et de sœurs, de joie et de paix, de respect, de beauté et de pudeur, de croissance, d'épanouissement, de justice et de liberté. Cet agenda est intolérable à notre ennemi séculaire.

Lors de certaines séances de prière très intenses, certains mauvais esprits commencent à se manifester à partir du moment où se créent une unité et une fraternité très intenses dans l'assemblée, une adoration profonde, le silence, et la louange.

Cela montre que ce qui est caractéristique au chrétien est dérangeant dans d'autres sphères. Et des personnes qui ne vivent pas en Dieu peuvent, consciemment ou inconsciemment se faire les porte-parole des ennemis de Dieu. Leurs attaques peuvent être subtiles ou ouvertes, pernicieuses ou violentes, verbales ou même physiques, pouvant aller jusqu'à l'élimination du chrétien lorsque le message leur est intolérable.

En tant que chrétiens, on ne peut pas s'attendre à une vie tranquille en suivant Jésus. Notre vie elle-même dérange puisqu'elle va à l'encontre du monde. Notre comportement dérange. Nos choix dérangent. Et si nous avons l'audace de parler, et d'exprimer ouvertement nos choix, nos convictions et notre foi, nous provoquons un profond malaise qu'on peut vouloir nous faire payer.

Payer le prix

On peut nous les faire payer assez bon marché: par une mine étonnée, un sourire moqueur, des propos humiliants, une réputation de demeurés (si nous essayons d'appliquer une certaine morale dans nos relations personnelles, sentimentales, familiales etc.), d'idiots (si nous nous opposons à l'exécution sommaire de gangsters par exemple), d'irresponsables (si nous refusons de consulter une voyante ou de rechercher les pratiques occultes d'un guérisseur renommé pour un enfant gravement malade par exemple) ou de naïfs (si par exemple nous traitons des employés de maison avec des standards élevés) etc. Nous pouvons ainsi en payer le prix par un isolement ou un éloignement que nous manifestent des amis ou même des membres de notre famille.

Ou bien on peut nous les faire payer très cher, par la perte d'un emploi (comme pour un médecin qui refuse de pratiquer une interruption volontaire de grossesse dans une clinique publique par exemple), la faillite de notre business (comme des pâtissiers qui refusent de décorer des gâteaux avec des figurines qui heurtent leur conviction religieuse), par la perte de notre maison, de notre nationalité, de notre lieu de mission caritative, de notre liberté ou de notre vie.

Les sanhédrins modernes

Nous n'avons pas à nous présenter devant le Sanhedrin comme les apôtres ou devant des chefs Romains comme Saint Paul ; mais des membres de notre famille, un conjoint, un enfant, nos amis ou nos collaborateurs, nos associations professionnelles, peuvent nous mépriser ou nous rejeter à cause de notre foi.

Pour témoigner comme le demande Jésus, il ne s'agit pas de brandir des slogans d'allure chrétienne mais qui sont des injonctions agressives, chargées de colère, de jugements et d'hostilité; ce genre d'attitude est souvent un exutoire à notre désir instinctif de lutte, de rivalité et de domination.

Avec amour

Ce que le Seigneur nous demande c'est de véhiculer avec amour ses enseignements sur l'amour, les deux plus grands commandements qu'Il a donnés, à savoir :

D'abord, l'adoration exclusive de Dieu, comme seul être divin, seul à qui nous avons des redevances d'obéissance absolue, et seul à qui un culte quelconque doit être rendu. Amour, adoration exclusive de Dieu. Ce n'est pas compliqué. C'est simple.

Ensuite, l'amour du prochain comme soi-même, en ne lui faisant que ce qu'on accepterait ou aimerait qu'on nous fasse a nous-même. Simple. Respect de toute personne, dans tout son être, de sa vie et de ce qui lui appartient, et ceci jusqu'à, dans certaines circonstances, et si l'on en a le courage, donner sa vie pour lui comme le Christ l'a fait pour nous.

Tout ceci est simple. Les dix Commandements, (*Ex 20, 2-17, Dt 5, 6-21*), les Evangiles et les épitres, dont celles de Saint Paul (*Galates 5:19-21; 1 Corinthiens 6:9-11*) ne font qu'apporter pour nous des précisions, des détails spécifiques sur la manière d'appliquer les deux règles d'or.

Être témoin

Ce dont Jésus nous demande de témoigner c'est d'une vie axée sur les Béatitudes, sur le Sermon sur la Montagne, sur les leçons que nous donnent les paraboles. Il prolonge les prescriptions de l'Ancien Testament en les accomplissant. C'est comme un ensemble de brindilles éparses qu'il réunit pour en faire un faisceau. Etant la Parole, c'est-à-dire le Verbe, il est venu pour qu'on comprenne enfin parfaitement ce qu'est Dieu et ce qu'Il désire de nous et pour nous.

Constance

C'est un long trajet que ce trajet de témoin; il durera toute notre vie. C'est pourquoi Jésus parle de persévérance. «*C'est par votre persévérance que vous garderez votre vie.*» Mais notre constance portera du fruit: «*Mais pas un cheveu de votre tête ne sera perdu*»

Nous serons divinement protégés sur la terre, si c'est sa décision de nous délivrer des attaques des persécuteurs. J'avais un jour demandé à une femme qui avait de grands dons de libération et de délivrance si elle n'avait pas de crainte d'être attaquée à cause de son ministère. Elle m'avait répondu: «Quand Dieu te donne une mission, rien ne peut t'arriver ; Dieu s'assure que tu as tout le temps qu'il faut et tout ce qui est nécessaire pour l'accomplir ; tu es entièrement protégé ». D'ailleurs, rien n'arrive sans la permission de Dieu.

Permettre que nous soyons atteints

Si et quand le Seigneur met fin à notre mission Il peut continuer à nous protéger selon sa propre décision, pour le bénéfice du Royaume et le nôtre propre. Mais cela peut arriver que, par sa volonté, il permette que nous soyons atteints. Il nous dit que certains (un pourcentage) peuvent être frappés par le Mal lors de leur témoignage. Mais nous serons agréablement surpris au Ciel quand nous découvrirons, lors de notre résurrection ce que voulait dire cette phrase: «*pas un cheveu de votre tête ne sera perdu.*» Une des surprises, et pas des moindres, est que nous découvrirons que le Seigneur avait donné un nom à chacun des cheveux de notre tête.

☙❧

Seigneur, aide-moi à découvrir comment je peux être un témoin de ma foi dans ma vie de tous les jours.

☙❧

Ma réflexion – Qu'est ce qui me frappe dans cette lecture ?

Mes sentiments – Qu'est-ce que je ressens actuellement ?

Le cœur à cœur – Ma prière :

Aller plus loin – Qu'est-ce que je décide ?

Jour 19

Mission

Évangile de Jésus Christ selon saint Matthieu (Mt 4, 18-22)

[En ce temps-là,]
comme [Jésus] marchait le long de la mer de Galilée,
Jésus vit deux frères,
 Simon, appelé Pierre,
et André son frère,
qui jetaient leur filet dans la mer ;
car ils étaient pêcheurs.
Et il leur dit :
« Suivez-moi,
et je vous ferai pêcheurs d'hommes. »
Eux aussitôt, laissant leurs filets, le suivirent.
S'avançant plus loin, il vit deux autres frères,
Jacques, fils de Zébédée,
et Jean son frère,
dans une barque, avec leur père Zébédée,
réparant leurs filets,
et il les appela.
Eux aussi, laissant à l'heure même leur barque et leur père,
le suivirent.

Appelés ensemble

Une des premières choses qui attire l'attention dans ce passage de l'Évangile, c'est que Jésus appelle deux paires de frères, ensemble. Dans d'autres circonstances il lui est d'ailleurs arrivé d'appeler des amis ensemble. Qu'est-ce que cela nous montre ?

Cela montre qu'Il nous comprend profondément dans notre humanité, notre amour pour nos proches, la façon dont cela nous rassure d'être avec eux, surtout quand on est face à la nouveauté, à l'inconnu. Il est conscient des plus petites choses et il a un cœur de père, de frère.

Il est probable que les disciples avaient déjà entendu parler de Jésus. Certains étaient des disciples de Jean le Baptiste, qui avait reconnu ouvertement la primauté de Jésus lors du baptême de ce dernier. Aussi, ils ont immédiatement laissé ce qu'ils faisaient et l'ont suivi.

Il est dit dans l'Evangile selon Saint Marc « *...il appela ceux que lui-même voulut ; et ils vinrent à lui.* » *(Mc 3, 13)*. Il y avait beaucoup d'hommes en Israël, mais ce sont ceux-là qui ont été appelés... Jésus a dit un jour au Père, en priant: « *J'ai gardé ceux que [tu m'as] donnés, et pas un d'eux ne s'est perdu* » *(Jn 17, 12b)*

La vie de tous les jours

Il est probable qu'entre deux tournées avec Jésus les disciples avaient quand même certaines activités, puisqu'il est arrivé plusieurs fois que vous les ayons «vus» sur une barque, sur la mer. On saura qu'après la vie publique de Jésus, les disciples sont retournés dans la vie de tous les jours: ils pêchaient quand Jésus leur est apparu sur la rive du lac après la résurrection et leur a demandé à manger. Tout se passe donc comme s'ils avaient passé trois ans de leur vie dans une grande retraite, une formation intensive puis qu'ils étaient retournés à leur vie de tous les jours.

Tout ceci nous fait comprendre un peu ce qui se passe lorsque Jésus nous appelle.

Familier et sécurisant

Le Seigneur ne nous appelle pas en nous faisant peur, en nous insécurisant. Il nous appelle, il est vrai, mais il le fait à partir de notre milieu familier, à partir de notre maison, de notre famille, de notre travail. Il nous connait et nous demande des choses que nous pouvons faire, qui font partie déjà de notre environnement. Par exemple, quand il a appelé les disciples, il n'était pas pour eux un inconnu mais quelqu'un dont ils avaient déjà entendu parler, par Jean-Baptiste et par les débuts de sa vie publique.

Il a appelé chacun des disciples individuellement, en regardant chacun droit dans les yeux. C'est parce que chacun indistinctement a une mission. Elle est unique et, malgré des ressemblances avec celle d'autres personnes, elle n'est ni identique ni superposable à aucune autre.

Le puzzle de la Création

Nous avons été créés et choisis pour une mission unique de toute éternité. Il n'y a aucun hasard dans le déroulement de notre vie. Toutes nos expériences agréables ou pénibles, nous préparent à la partition que nous avons à jouer dans le grand concert de la création. C'est donc de MOI que Jésus a besoin et de nul autre. Personne d'autre ne pourra faire ce pour quoi je suis fait.

De même il y avait beaucoup d'hommes en Israël, mais Jésus a visé exactement ces quatre pêcheurs (sans compter les autres qu'il choisira également de manière voulue) de même le Seigneur a pensé à moi de façon intentionnelle et m'a fait confiance.

Nous sommes chacun une pièce du puzzle de la création. Avez-vous déjà vu un puzzle auquel il manquait une pièce, le dérangement et le vide qu'elle crée ? De la même façon, si nous manquons à l'appel qui nous est fait, notre absence sera remarquée comme une pièce manquante, et elle aura un impact majeur sur l'ensemble. Au lieu, et dans le moment, que nous vivons, nous sommes d'une importance majeure sur le chantier.

Reconnaître son appel

Quand le Seigneur m'appelle-t-Il ?

- Il m'appelle chaque jour.

A *quoi* m'appelle-t-il ? Il m'appelle :

- à de petits réponses quotidiennes,
- à ma mission terrestre,
- à la grande mission de toute personne qui est d'être l'épouse de l'Agneau c'est-à-dire de Jésus, époux de l'Église.

Les petits appels quotidiens

Avant tout, notre contact avec notre mission se fait par de petits pas. C'est ainsi que cela commence. Le Seigneur nous fait de petits appels quotidiens à faire le bien, à faire des choix qui correspondent à la Parole qu'Il nous a laissée dans l'Evangile, et à faire le bien qu'il nous indique par sa voix qui parle au dedans de nous.

Sa voix, je l'entendrai soit clairement, soit subtilement. Je l'entendrai d'autant plus que je me rapprocherai de Lui par la prière, la communication de plus en plus intime avec lui, jusqu'à arriver à comprendre son amour, sa tendresse et son affection, et à saisir les choses qu'il me demande, dans le silence.

Et cette communication sera toujours empreinte d'une paix, d'une compréhension profonde de ce que nous sommes, d'une « courtoisie » (comme disait la mystique anglaise Julienne de Norwich), d'une patience et en même temps d'une insistance pour que nous croissions. Et quand, un jour, viendra le moment des grands choix, ce sont ces caractéristiques qui nous feront reconnaitre qu'il s'agit bien de Lui et de sa voix.

❧❦

Seigneur donne-moi d'entendre ta douce voix quand tu m'appelles.

❧❦

Ma réflexion – Qu'est ce qui me frappe dans cette lecture ?

Mes sentiments – Qu'est-ce que je ressens actuellement ?

Le cœur à cœur – Ma prière :

Aller plus loin – Qu'est-ce que je décide ?

Jour 20

Celui qui vient

Évangile de Jésus Christ selon saint Luc (Lc 7, 18b-23)

[En ce temps-là,
Jean le Baptiste appela deux de ses disciples]
et les envoya vers Jésus pour lui dire : « [Es-tu] celui qui doit venir,
ou devons-nous en attendre un autre ? »
Etant donc venus à lui :
« Jean-Baptiste, lui dirent-ils,
nous a envoyés vers [toi] pour [te] demander :
« [Es-tu] celui qui doit venir, ou devons-nous en attendre un autre ? »
A ce moment même,
Jésus guérit un grand nombre de personnes affligées par la maladie,
les infirmités, ou les esprits malins,
et accorda la vue à plusieurs aveugles.
Puis il répondit aux envoyés :
« Allez rapporter à Jean ce que vous avez vu et entendu :
les aveugles voient,
les boiteux marchent,

les lépreux sont purifiés,
les sourds entendent,
les morts ressuscitent,
les pauvres sont évangélisés.
Heureux celui qui ne se scandalise pas en moi ! »

Le doute et la réponse

Dans ce passage, nous sommes frappés par deux choses : d'un côté par le doute de Jean-Baptiste en ne voyant pas ce qu'il attendait : il n'y a pas d'actions éclatantes, pas de signe de conquête, de royauté et de victoire, et d'un autre côté par la réponse de Jésus, Jésus qui nous étonne souvent, et qui pourtant reste dans la vérité, mais une vérité différente... Cette phrase de la série cinématographique « The Chosen », quoique n'étant pas dans l'Évangile, traduit bien ce que nous demande Jésus à chaque pas : *« Get used to different ! »* (Habitue-toi à ce qui est différent !)

Compréhensible

Le doute de Jean-Baptiste est compréhensible. Jean-Baptiste c'est l'homme de la foi totale, qui a donné toute sa vie à la préparation du royaume, qui a prêché la repentance par l'amour et la justice, par la justesse exigible dans le futur Royaume, qui connaissait les écritures, mais qui, dernier prophète de l'Ancien Testament, attendait un messie miséricordieux certes, mais vengeur, rétablisseur des injustices et victorieux.

Un signe entendu

Et Jésus, Verbe parfait, habillé de la tête aux pieds des prophéties dont il est la réalisation au pied de la lettre, a répondu d'une façon qu'Il sait que Jean-Baptiste comprendrait.

En effet, la réponse de Jésus est un code, il lui récite les prophéties d'Isaïe qui le décrivent, lui, le Messie attendu :

Is 35, 4-6 : Dites à ceux qui ont le cœur troublé : « Prenez courage, ne craignez point : Voici votre Dieu ; la vengeance vient, une revanche divine, il vient lui-même et vous sauvera. » Alors s'ouvriront les yeux des aveugles, alors s'ouvriront les oreilles des sourds. Le boiteux bondira comme un cerf, et la langue du muet éclatera de joie.

Is 61, 1-2 : L'esprit du Seigneur [le Seigneur] est sur moi, parce que [le Seigneur] m'a oint ; il m'a envoyé porter la bonne nouvelle aux malheureux ; panser ceux qui ont le cœur brisé ; annoncer aux captifs la liberté et aux prisonniers l'élargissement ; publier une année de grâce pour [le Seigneur], et un jour de vengeance pour notre Dieu ; consoler tous les affligés.

En l'entendant, Jean-Baptiste comprend alors non seulement que le royaume était venu, mais aussi de quel sorte de royaume il s'agirait.

Sous nos yeux, à notre insu

Nous aussi avons des doutes quand nous voyons le malheur s'abattre sur nous. Nous avons fait le bien et nous nous attendons à être récompensés de façon visible pour nos bonnes actions. Pourtant, comme du temps de Jean-Baptiste, les bontés du Seigneur se réalisent sous nos yeux, ou à notre insu, ou sous une autre forme et nous ne les reconnaissons pas pour telles.

Nous pensons comme Jean-Baptiste que le royaume des Cieux va se réaliser entièrement sur terre selon les critères que nous avons apportés de l'enfance, de notre foi élémentaire. Nous pensons que le seul bonheur est celui d'ici-bas et qu'il n'a que la forme et les critères que lui donne le monde (choses matérielles, argent, réussite, succès, épanouissement personnel individuel, domination, pouvoir), indépendamment des critères de Dieu et de la Vie dans sa totalité (amour, entente, joie du don, vie fraternelle, bonheur partagé, croissance commune, plaisirs sains etc.)

Le Royaume c'est le Bien vainqueur du mal

Un des premiers secrets du Royaume de Dieu c'est que Jésus apporte la guérison. C'est le bien chassant le mal, la joie chassant le malheur, la santé chassant la maladie et l'incapacité, la justesse chassant le péché, tout ceci donc au propre comme au figuré, matériellement comme spirituellement. C'est ce qu'annonçait la prophétie d'Isaïe et c'est ce que Jésus a fait dire à Jean-Baptiste.

Nous sommes créés pour la joie et pour l'amour et nous savons que le royaume a commencé avec l'arrivée de Jésus.

Il y a des aveugles, sourds, boiteux, lépreux, morts, pauvres, qui le sont physiquement ; il y en a qui le sont spirituellement. A nous de déterminer si nous sommes atteints de l'une ou l'autre de ces affections.

Dans tous les cas, nous avons besoin d'entendre la Bonne Nouvelle de la guérison et de la Vie. Ainsi, nous pourrons supplier Jésus d'appliquer sur nous les médicaments physiques et spirituels du Royaume et de nous y faire entrer.

Les sourds, aveugles, boiteux d'Israël étaient affligés de handicaps physiques. Nous, qui sommes peut-être des handicapés spirituels, devons aussi être guéris si nous voulons être les sujets du nouveau royaume, qui est le Royaume de Dieu, où règne l'amour. Car Dieu est amour.

En effet, la guérison du mal spirituel est le vêtement de fête indispensable dont nous avons besoin pour entrer dans le royaume. Et c'est Dieu seul qui peut nous guérir.

Le Royaume c'est la préséance des petits

Le secret du Royaume c'est aussi que Jésus se penche vers les petits, les malheureux, les rejetés, les souffrants. Les derniers seront les premiers. La Sainte Vierge, vraie fille d'Israël, l'avait déjà compris et exprimé dans le Magnificat.

Nous aussi, à la suite de Jésus, et comme ses jeunes frères et sœurs, devons-nous pencher sur les malheureux et les petits et les aider, tout faire pour les guérir, les délivrer de leur souffrance par l'action et par la prière. C'est incontournable si nous voulons être des Sujets, des Citoyens, du Royaume.

Et n'oublions pas d'être doux, aimable, protecteur et aimant envers le petit nous-même, la partie blessée, maladroite, perdante, souffrante, de nous-même. Car si nous ne nous aimons pas nous même, comment pourrons nous obéir au grand commandement de Jésus: "Aime ton prochain comme toi-même" ?

☙❧

Seigneur, je veux découvrir tous les bienfaits insoupçonnés dont tu m'as gratifié(e), toutes les guérisons, pour lesquels je peux te dire Merci.

☙❧

Ma réflexion – Qu'est ce qui me frappe dans cette lecture ?

Mes sentiments – Qu'est-ce que je ressens actuellement ?

Le cœur à cœur – Ma prière :

Aller plus loin – Qu'est-ce que je décide ?

Jour 21

Fécondités

Évangile de Jésus Christ selon saint Luc (Lc 1, 39-45)

*En ces jours-là,
Marie se levant, s'en alla en hâte
au pays des montagnes, en une ville de Juda.
Et elle entra dans la maison de Zacharie,
et salua Elisabeth.
Or, dès qu'Elisabeth eut entendu la salutation de Marie,
l'enfant tressaillit dans son sein,
et elle fut remplie du Saint-Esprit.
Et élevant la voix, elle s'écria : « [Tu es] bénie entre les femmes,
et le fruit de [tes] entrailles est béni.
Et d'où m'est-il donné
que la mère de mon Seigneur vienne à moi ?
Car [ta] voix, lorsque [tu m'as] saluée, n'a pas plus tôt frappé mes oreilles,
que mon enfant a tressailli de joie dans mon sein.
Heureuse celle qui a cru ! car elles seront accomplies les choses
qui lui ont été dites de la part du Seigneur ! »*

D'où m'est-il donné… ?

Aujourd'hui nous lisons une partie du merveilleux texte de la Visitation. Recevant Marie, qui est venue l'aider dans sa grossesse tardive, Elisabeth est émerveillée et elle dit aussi son «petit» Magnificat. Ce qui va nous léguer une des phrases que nous répétons le plus en priant : « Tu es bénie entre toutes les femmes ».

Mais ce n'est pas le seul échange qui a eu lieu lors de cette rencontre que nous rapporte l'Evangile. Il y a aussi eu un dialogue secret et silencieux que les adultes n'ont pas entendu.

Le dialogue des cousins

Dès que la Sainte Vierge a vu Elisabeth, Jésus, fœtus dans le sein de Marie, semble avoir appelé Jean, son cousin, fœtus comme lui, pendant qu'ils étaient dans les entrailles de leurs mères… Peut-être Jésus a-t-il dit : « Jean ! Cousin ! Me reconnais-tu ? » ?

Et Jean, fœtus dans le sein d'Elisabeth, s'est probablement écrié, émerveillé : « J'étais encore dans les entrailles de ma mère quand Il a prononcé mon nom ! L'agneau de Dieu, Mon maître et mon Seigneur a prononcé mon nom ! Ineffable honneur ! Gracieuse courtoisie de mon Créateur ! Le doux maître de l'univers, caché dans Marie, souriant, les yeux vifs, a prononcé mon nom ! »

« Et moi, Jean, dans le silence assourdissant d'amour, caché dans Elisabeth, j'ai bondi de bonheur. Dans le silence de cet immense amour, mon Créateur m'a reconnu, Il m'a regardé et il m'a dit 'Cousin, me voici, es-tu prêt ?'. De tout mon cœur, enfoui dans les fils innombrables de la matrice de ma mère, j'ai dit : 'Mon maitre, mon Seigneur, mon cousin, mon Ami, avec joie je me prépare ! Lumière du monde, je viens !' »

Deux mondes

L'Ancien testament salue le Nouveau. Jonction entre deux mondes, entre l'avant et l'après du salut.

Jonction entre :

- la vieille femme stérile qui enfante, et la toute jeune fille vierge qui elle aussi enfante. Deux enfantements.
- Entre le naturel dirigé par Dieu, et le surnaturel lui aussi dirigé par Dieu.

Jonction entre :

- la race d'Aaron, de la tribu de Levi, race de Prêtres, dont est issu Zacharie, prêtre à l'époque de la naissance de Jean-Baptiste (Lc 1, 5), mis à part pour le service de Dieu et du temple, mais marié, appelé à une fertilité naturelle, offrant des sacrifices d'animaux, dans le temple construit de mains d'hommes,
- et la race de David de la tribu de Juda, race Royale, dont vient Joseph, héritière du nouveau contrat, qui inaugure une nouvelle forme de fertilité - spirituelle - de qui sortira le Sauveur, Jésus, c'est-à-dire « Dieu Sauve », né d'une vierge, sauveur qui s'offrira lui-même en sacrifice dans le temple déchiré de son corps.

La disposition future de la relation hommes-femmes n'a-t-elle d'ailleurs pas été annoncée par Jésus quand il a dit dans l'Évangile *« Car, à la résurrection, les hommes n'ont point de femmes, ni les femmes de maris ; mais ils sont comme les anges de Dieu dans le ciel. »* (Matthieu 22, 30).

Fécondités

Le Père Gilbert Pourchet, de la Communauté de la Roche d'Or à Besançon, en France, disait ceci en substance dans une retraite : un homme et une femme, dans leur parfaite vie de justes (Elisabeth et Zacharie) vont permettre que naisse un super homme, le plus grand de tout l'ancien Testament : Jean le Baptiste. Mais seule la virginité de Marie, dans sa vie de parfaite pureté, va permettra que naisse le Fils de Dieu, c'est à dire Dieu, sur la terre.

Faire naître Jésus dans les cœurs

De même, seule la virginité et la chasteté de nos âmes, c'est-à-dire, un cœur sans partage, pur du désir de pécher, va permettre la naissance de Jésus dans nos cœurs. Et seule la chasteté de personnes choisies, mises à part, dans le monde, va permettre la continuité assidue du Royaume de Dieu sur la terre, dans le cœur des humains et la continuité de l'Eglise dans sa force, dans sa forme la plus puissante.

C'est en ce sens que Jésus avait dit : « *Il y a, en effet, des eunuques qui sont nés ainsi du sein de leur mère, il y a des eunuques qui le sont devenus par l'action des hommes, et il y a des eunuques qui se sont eux-mêmes rendus tels à cause du Royaume des Cieux. Qui peut comprendre, qu'il comprenne!* » Mt 19:12. Tels sont les prêtres et les consacrés : princes et féconds par la chasteté, offrant au monde, par l'Esprit Saint, le sacrifice du Fils de Dieu.

Notre fécondité

Et nous ? En plein monde, quelle peut être notre fécondité ? En fait, nous sommes appelés à deux fécondités :

- Une fécondité humaine, par le mariage, un ministère, l'aide, l'action catholique, des activités de solidarité et d'évangélisation active etc.

- Et une fécondité spirituelle et surnaturelle, par la chasteté initiée pour Dieu, ou bien le jeûne, l'abstinence pour prier ou pour faire une demande de guérison, de conversion, de libération. Sacrifice de soi, de son énergie, de son temps, pour rendre service ou pour aider. Offrande de nos souffrances non résolues, pour la conversion du monde, la conversion de nous-mêmes et de nos frères, et pour hâter la venue du royaume de Dieu.

En agissant ainsi, nous mettons, comme Marie, Jésus au monde, en le faisant naître dans le cœur des hommes.

❦

Seigneur, aide-moi à être fécond(e), à offrir à quelqu'un, qui n'est pas un proche ou un parent, quelque chose de matériel et quelque chose de spirituel

❦

Ma réflexion – Qu'est ce qui me frappe dans cette lecture ?

Mes sentiments – Qu'est-ce que je ressens actuellement ?

Le cœur à cœur – Ma prière :

Aller plus loin – Qu'est-ce que je décide ?

Jour 22

Que cherchez-vous ?

Évangile de Jésus Christ selon saint Jean (Jn 1, 35-38)

[En ce temps-là]
Jean se trouvait là, avec deux de ses disciples.
Et ayant regardé Jésus qui passait, il dit :
« Voici l'Agneau de Dieu. »
Les deux disciples l'entendirent parler,
et ils suivirent Jésus.
Jésus s'étant retourné,
et voyant qu'ils le suivaient,
leur dit :
« Que cherchez-vous ? »
Ils lui répondirent :
« Rabbi (ce qui signifie Maître),
où [demeures-tu] ? »

Voici l'Agneau de Dieu

Dans ce beau texte de l'Evangile de Saint Jean, l'histoire qui se déroule est facile à se rappeler : Jean-Baptiste était avec deux de ses disciples, dont André, frère de Simon-Pierre, et, peut-être,

Jean, comme le pensent certains biblistes. Il voit Jésus, de loin, et il dit à ses disciples: « Voici l'agneau de Dieu ». À ce moment, ces derniers se mettent à suivre Jésus.

QUE cherchez-vous ?

Les phrases de Jésus sont des trésors. Ils ont un sens beaucoup plus riche qu'on ne peut imaginer.

D'abord, c'est Jésus qui se retourne et qui leur parle en premier. Il les regarde et leur dit: «QUE cherchez-vous? » (pas QUI cherchez-vous). Jésus sait qu'au fond d'eux-mêmes ce n'est pas quelqu'un qu'ils cherchent, mais quelque chose : la manifestation du Dieu Tout Puissant, du Sauveur spirituel et politique d'Israël ? Ils cherchent la libération de leur pays, la délivrance de leur peuple ? Le règne de Dieu sur Israël et sur le monde ?

Plus que quelqu'un ils cherchent quelque chose. Et, ce quelqu'un que leur a désigné Jean-Baptiste, est là pour leur donner ce quelque chose. C'est dans cette même optique que, bien plus tard, les deux frères Jacques et Jean demanderont à leur maman de solliciter de Jésus qu'ils s'asseyent à gauche et à droite de son trône au moment où il se manifesterait comme roi.

Que cherches-tu ?

Et si c'était à nous que Jésus demandait «Que cherches-tu?» qu'est-ce que nous répondrions aujourd'hui ? Tentons, maintenant, de donner une réponse à cette question, dans notre cœur.

Qu'est-ce que je cherche, que je désire au plus profond de moi?

- Une maison ?
- Un conjoint ?
- De l'argent ?
- Des enfants, des petits-enfants ?

- Des amis ?
- Le succès ?
- La santé ?
- La jeunesse éternelle ?
- De la bonne compagnie (familiale, conjugale, amicale, professionnelle, communautaire) ?
- Du travail ?
- Autre chose ?

Si j'ai choisi une ou plusieurs de ces réponses, je fais partie des personnes « normales ». C'est tout à fait légitime et même sain de désirer de bonnes choses. Cela peut apporter le bien-être, l'épanouissement, la joie, une bonne santé mentale.

Mais, est-ce que le fait d'obtenir ce que je cherche va me donner satisfaction? Le vrai bonheur? Pendant combien de temps?

Comme un oignon

Chacun de nos désirs est comme un oignon. Quand on enlève une pelure, une autre apparait. Quand j'en satisfais un, un autre apparait. Il y a une réponse derrière chacune de nos réponses, il y a un désir profond derrière chacun de nos désirs, une racine à chacun de nos vœux. A la fin on arrive au cœur de l'oignon. Pour chacun de nos désirs, il y a le cœur du désir... C'est-à-dire la signification profonde de mon désir.

Le cœur du désir

Ainsi, regardons ce qui peut être la racine de chacun des désirs que nous avons vus plus haut...

- Derrière une maison : le confort, l'assurance d'être protégé, la sécurité, la stabilité.
- Derrière un conjoint : l'amour, être désiré, être choisi.

- Derrière l'argent : le respect, être préservé de l'angoisse, l'assurance pour l'avenir, la paix.
- Derrière les enfants et les petits-enfants. : l'affection, le sentiment d'appartenir, être pris en charge, ne pas être abandonné, la fierté, le prolongement de nous-même.
- Derrière les amis: le fait d'être aimé, attendu, d'avoir de la joie.
- Derrière le succès: le fait d'être respecté, de ne plus être méprisé ou rejeté.
- Derrière la santé: la force, la liberté, la capacité de faire ce qu'on veut.
- Derrière la jeunesse éternelle: l'admiration, l'amour, être désiré.
- Derrière la bonne compagnie (familiale, conjugale, amicale, professionnelle, communautaire) : la paix, le bonheur, le support, le sentiment d'amusement, d'appartenance.
- Derrière le travail : la fierté, la fécondité, le sentiment d'être important, d'avoir un sens à notre vie, le fait de compter dans la collectivité, d'être autonome, le fait d'être productif.
- Et derrière tout cela, l'incommensurable désir d'être aimé.

La racine de mon désir

Les désirs extérieurs peuvent s'effondrer n'importe quand... Les maisons se fissurent, l'argent se tarit, les proches s'en vont (ici ou dans l'au-delà), la jeunesse se retire, on perd son travail, ses amis. Alors ? A ces moment qu'est-ce qui demeure ?

A ces moments, seul demeure le cœur de mes désirs. Ce cœur de l'oignon, cette racine immatérielle, qui est mon aspiration profonde à l'amour, à la stabilité et à la paix. A bien réfléchir, quelle assurance puis-je avoir que sera satisfaite la racine de mes désirs ? Et qui peut la satisfaire ? Je ne peux la trouver à acheter nulle part. Même le parent ou le conjoint le plus aimant ne peuvent pas me la donner quand tout s'effondre.

C'est vrai que je peux travailler à accomplir mes désirs humains extérieurs. Mais n'est-ce pas par Dieu seul, le Dieu de Jésus, immuable et aimant, que je peux avoir l'assurance de voir satisfaite la racine de tous mes désirs ? Sécurité, assurance, appartenance, paix, bonheur, respect, joie, accueil, amour, productivité, et en deux mots : acceptation inconditionnelle.

Ainsi, pour tout ce dont j'ai besoin, il est bon que je dise à Jésus que j'en ai besoin « **aussi** ». Toi, Jésus, d'abord, et de l'argent **aussi**. Toi Jésus d'abord et un conjoint **aussi**. Toi Jésus d'abord et des enfants, des amis, un travail, la réussite **aussi** etc.

Si tu habites dans Sa maison

Dieu peut te donner - et il te donnera certainement - la satisfaction de la racine de tes désirs, si tu te rapproches de Lui et si tu décides d'habiter dans sa maison, dans son cœur. Il est le seul à pouvoir le faire.

C'est ce qu'ont compris les saints. C'est pourquoi ils ont tout laissé pour embrasser Jésus, pour le suivre Lui seul, car en Lui ils ont vu qu'il y avait la totalité du bonheur.

※

Seigneur, merci de me donner ce qui est essentiel, le cœur de mes désirs, ton incomparable Amour.

※

Ma réflexion – Qu'est ce qui me frappe dans cette lecture ?

Mes sentiments – Qu'est-ce que je ressens actuellement ?

Le cœur à cœur – Ma prière :

Aller plus loin – Qu'est-ce que je décide ?

Jour 23

Il guérit

Évangile de Jésus Christ selon saint Marc. (Mc 1, 29-35)

[En ce temps-là] en sortant de la synagogue [de
Capharnaüm, Jésus et ses disciples]
allèrent aussitôt
dans la maison de Simon et d'André,
avec Jacques et Jean.
Or, la belle-mère de Simon était au lit,
ayant la fièvre ;
aussitôt ils parlèrent d'elle à Jésus.
Il s'approcha
et la fit lever, en la prenant par la main ;
au même instant la fièvre la quitta,
et elle se mit à les servir.

Sur le soir, après le coucher du soleil,
il lui amenèrent tous les malades
et les démoniaques,
et toute la ville se pressait devant la porte.
Il guérit beaucoup de malades affligés de diverses infirmités,
et il chassa beaucoup de démons ;

*mais il ne leur permettait pas de parler,
parce qu'ils le connaissaient.*

*Le lendemain, s'étant levé longtemps avant le jour,
il sortit, alla dans un lieu solitaire,
et il y pria.*

Une longue journée

Ce morceau d'Evangile nous montre encore, s'il faut énoncer une évidence, la bonté du Seigneur. On peut dire que sa journée a été longue, depuis son épisode mouvementé à la Synagogue de Capharnaüm, puis sa guérison de la belle-mère de Saint Pierre. On ne sait pas ce qu'Il a fait au milieu de la journée mais c'est sûr qu'il ne s'est pas couché pour faire une longue sieste. Peut-être a-t-il parlé, échangé, enseigné aux personnes présentes dans la maison, car avant tout, son ministère était de faire connaitre le Royaume de son Père.

Ministère de compassion

Mais le soir venu, après cette longue journée, c'est à ce moment qu'a commencé son ministère de compassion. La ville entière se pressait à la porte. Imaginons cela. Toute une ville à la porte, chacun avec un problème qu'il(elle) est venu(e) demander à Jésus de résoudre personnellement. Le Seigneur, comprenant la douleur de ces personnes, n'écoutant pas sa fatigue (il était vraiment homme), guérit beaucoup de ces gens qui se pressaient à ce portail, et il chassa beaucoup de démons. Il est sûr qu'il s'est adressé à chaque personne en particulier, comme s'il était seul au monde avec elle, dans une compréhension profonde de sa souffrance.

Jésus veut guérir

La deuxième chose que nous montre ce passage, c'est que Jésus VEUT guérir. Il est venu renverser la puissance du mal. C'est exactement ce que disait la première épitre de Saint Jean:

1Jn, 3-8 : Celui qui commet le péché est du diable, car le diable est pécheur dès l'origine. C'est pour détruire les œuvres du diable que le Fils de Dieu est apparu.

Donc, Jésus veut le bien, il veut que nous nous sentions bien dans notre peau, que nous soyons libres, de la liberté des enfants de Dieu. Michel Quoist a popularisé cette phrase d'Irénée de Lyon, père de l'Eglise, qui est restée célèbre : *« La gloire de Dieu c'est l'homme vivant »*. C'est ainsi que nous pouvons comprendre qu'Il ait passé toute la soirée, jusqu'à une heure avancée de la nuit, à guérir la majorité des gens de toute une ville...!

Toutes sortes...

Que guérissait Jésus? L'Évangile nous dit *« Il guérit beaucoup de gens atteints de toutes sortes de maladies, et il expulsa beaucoup de démons»*. Donc, on peut supposer qu'il n'y avait pas une situation considérée à l'époque comme une maladie, qu'il n'ait pas guérie.

Le même

Et nous dans tout cela, puisque Jésus ne change pas ? Il est le même de toute éternité. Il est donc exactement le même Jésus qu'il était à Capharnaüm ce jour-là qui a été décrit par Saint Marc. Alors? qu'allons-nous faire? qu'allons-nous dire? Nous aussi, nous pouvons nous approcher de sa porte, lui dire exactement les mêmes choses que lui ont dites ces femmes, ces hommes, ces enfants, ces personnes âgées qui s'étaient agglomérés devant la maison de Pierre.

Avec quoi allons-nous venir devant sa porte? Car, il peut TOUT guérir.

Tout

Il peut guérir toute maladie physique, depuis le cancer en phase quatre, jusqu'aux acouphènes, l'infertilité, les problèmes oculaires, cardiaques, osseux, cutanés, neurologiques musculaires, toutes les parties du corps indistinctement. Il guérit les maladies orphelines, dont on ne connait pas encore les causes et qui provoquent une double souffrance: la terrible souffrance physique en plus de l'incompréhension des médecins et de l'entourage qui dit que «c'est peut être imaginaire».

Il les guérit dans leur anatomie (puis qu'il a fait des opérations chirurgicales dans les miracles rapportés au cours des siècles, a redressé des os, allongé des fémurs etc.), dans leur physiologie (c'est à dire dans la façon dont les fonctions chimiques et mécaniques s'imbriquent les unes dans les autres), dans leur biologie (les cellules, l'ADN, la chimie de base de l'organisme, les neurotransmetteurs). Il peut nous redonner une santé extraordinaire, une robustesse à toute épreuve, une forme physique que nous n'avons jamais eue.

Il peut guérir notre «cœur», nos émotions, nos peurs, nos angoisses, notre tristesse, notre déprime, notre colère, notre jalousie, nos rancœurs, notre haine, notre honte, nos profondes souffrances, ces choses dont nous ne pouvons parler à personne, ces secrets terribles qui nous rongent et que nous ne voulons pas regarder. Il peut les transformer en une paix que nous ne pouvons même pas imaginer.

Il peut guérir notre esprit, nos pensées, notre imagination, notre manque de concentration ou de mémoire, nos difficultés de l'intelligence, nos problèmes de langage, d'addiction, d'obsessions.

Il peut guérir nos problèmes maritaux, financiers, matériels, scolaires, professionnels, relationnels, de lieu de vie.

Il peut nous délivrer d'attaques venant des ténèbres, attaques sur nous-mêmes, nos proches, nos maisons, nos opportunités, nos finances, notre vie sentimentale etc.

Il peut enfin nous guérir de la pire des maladies qui est le péché, les tentations, les mauvaises habitudes, ainsi que notre rapport aux milieux, endroits, relations, personnes, objets, circonstances, qui mènent au péché.

En cœur à cœur

Nous aussi, comme tous ces gens qui se sont déplacés en foule, nous pouvons Lui dire, en Le regardant droit dans les yeux, avec le respect qu'on doit au roi de l'univers, et avec l'affection qu'on a envers son meilleur ami: « Nous voici, face à face, en cœur à cœur, Jésus, avec toi qui peut tout. En accord comme toujours avec ton père, Abba, et dans le Saint Esprit, votre Amour Suprême et Dieu lui-même, nous voici. Je t'en prie si tu Veux, tu peux me guérir ! Guéris moi Je t'en supplie!»

❧

Seigneur, je te prie avec toute la force de ma foi et avec toute ma confiance, pour tous les malades que je connais et pour tous les malades abandonnés.

❧

Ma réflexion – Qu'est ce qui me frappe dans cette lecture ?

Mes sentiments – Qu'est-ce que je ressens actuellement ?

Le cœur à cœur – Ma prière :

Aller plus loin – Qu'est-ce que je décide ?

Jour 24

Le devoir d'oser

Évangile de Jésus Christ selon saint Marc (Mc 3, 1-6).

Jésus étant entré [...] dans [une] synagogue,
il s'y trouvait un homme qui avait la main desséchée.
Et on l'observait
pour voir s'il le guérirait le jour du sabbat,
afin de pouvoir l'accuser.
Jésus dit à l'homme qui avait la main desséchée :
« Tiens-toi là debout au milieu »;
puis il leur dit :
« Est-il permis le jour du sabbat,
de faire du bien ou de faire du mal,
de sauver la vie ou de l'ôter ? »
Et ils se taisaient.
Alors, les regardant avec indignation,
et contristé de l'aveuglement de leur cœur,
il dit à cet homme :
« Etends ta main. »
Il l'étendit, et sa main redevint saine.

*Les Pharisiens, étant sortis,
allèrent aussitôt s'entendre
contre lui avec les Hérodiens,
pour tâcher de le perdre.*

En mission

Jésus est un provocateur. Dans ce passage de l'Evangile, Il était *«a man with a mission»* (un homme en mission) et il était venu de toute évidence pour faire valoir un point. Il n'était pas (seulement) venu, ce jour-là, lire dans le parchemin de la synagogue. Il a vite appelé l'homme à la main atrophiée (qui ne s'y attendait peut-être même pas) à venir au centre de la salle.

Les pharisiens attendaient Jésus, et lui aussi était prêt. On l'observait, Il leur a offert ce qu'ils voulaient, sans qu'ils se rendent compte que, même aux yeux du peuple, ils révélaient leur vrai visage. Le « dieu » qu'ils servaient était un dieu sans cœur, insensible à la souffrance dès qu'elle entrait en compétition avec la loi. Jésus est venu leur montrer que le Dieu de Jésus Christ, d'Abraham, d'Isaac et de Jacob, est le Dieu de l'Amour.

Provocation

Il est venu pour mettre à la lumière ce qui était caché. Quelle meilleure façon de mettre à clair la rigidité de la pratique des dirigeants religieux de l'époque, que de sortir de chez lui, d'entrer exprès dans la Synagogue dans le but arrêté de guérir, un jour de sabbat, la main de l'homme qui (pour une fois, parmi les assistants) ne lui avait rien demandé.

Les émotions de Jésus

Une des choses qui nous frappe dans l'Evangile ce sont les émotions que Jésus ressent :

D'abord il est résolu, déterminé.

Ensuite il ressent de la colère parce que les Pharisiens sont si durs, si aveugles, et méchants dans leur rigidité !

Et il est navré, désolé ; il éprouve de l'affliction pour leurs âmes qui peut très bien se perdre, et pour qui il se prépare, pourtant, à mourir.

Un frère, une sœur, à la périphérie

Il y a un homme à la main atrophiée au milieu de la pièce, au milieu de la salle de nos vies. Un frère, une sœur, improbables, dans le besoin, mais qui est hors de nos limites, de nos habitudes, de notre espace, de notre zone de confort. Il y a un frère, une sœur, à la périphérie... Qu'allons-nous faire?

Quelles émotions porterons-nous dans nos cœurs?

Est-ce que ce sera l'indifférence des pharisiens : regarder la souffrance et rester apathique, à regarder passivement, sans rien faire face la souffrance, la douleur de notre frère,

Est-ce que ce sera le mépris critique envers ceux qui se lancent dans des actes de charité qui nous choquent, ou dans le partage de la Parole dans des circonstances inattendues, en les traitant de demeurés, de niais, de naïfs, d'excités, d'illuminés?

Pour avoir guéri un malheureux

Pour une fois les Pharisiens (nationalistes anti romains) et les Hérodiens (collaborateurs de Rome), ennemis mortels, se sont regroupés et sont devenus amis en sortant de la Synagogue, pour planifier la mort de Jésus par le fait qu'il ait guéri un malheureux.

Il existe surement des personnes de nos connaissances ou de notre entourage qui ne s'entendent pas mais qui sont d'accord pour critiquer notre foi.

Allons-nous avoir peur d'eux? des Pharisiens et des Hérodiens de notre entourage?

Les bienpensants modernes

Qui sont les Pharisiens modernes ? Ce sont les bienpensants chrétiens de certains petits groupes de prière parfumés, les conformistes qui disent qu'il ne faut pas faire de prosélytisme, qu'il faut être discret avec sa foi.

Qui sont les Hérodiens contemporains? Ce sont les moqueurs, les soi-disant agnostiques, ou athées, les revendicateurs d'une «cultures laïque» ou les jouisseurs, les pragmatiques, les intellos, les cérébraux, ou les anticatholiques, les mangeurs de chrétiens, sous prétexte de respect des cultures dite «opprimées» par la chrétienté.

Il ne faut pas avoir peur de la contradiction quand il s'agit de faire le bien. Le royaume de Dieu souffre violence *Mt 11, 12* : *Depuis les jours de Jean le Baptiste jusqu'à présent le Royaume des Cieux souffre violence, et des violents s'en emparent.*

Hardi et Magistral

Face à l'homme à la main desséchée Jésus n'a pas eu de discours. C'est son acte qui a été sa parole. Il n'a même pas dit «Sois guéri», mais seulement *«étends la main»*. Et il avait fini. Dans cette infime capsule du temps, debout dans la synagogue, Il a juste été un Témoin. Un Témoin hardi et magistral :

Témoin de la puissance de son Père, Lui le Fils unique qui ne fait rien sans l'avoir vu faire par son Père,

Témoin de sa propre divinité, verbe créateur, capable de régénérer la chair, les os, les nerfs et les tendons d'un membre mort,

Témoin de la nature du Sabbat, repos créé pour l'homme, non pour la perpétuation de la souffrance ou pour le crime par omission,

Témoin de la préséance de l'Amour sur la Loi

Témoin de la mission ultime de l'être qui est d'aimer et d'être aimé.

Oser comme Lui

En tant que disciples de Jésus Christ, nous avons le devoir d'OSER comme Lui. Oser être des témoins. Comment ?

- Oser servir les autres :

Pratiquer le devoir de charité malgré les contradictions.

Oser défendre ceux qui sont sans défense, ceux qu'on harasse, qu'on paye mal, qu'on maltraite, qu'on néglige, qu'on détourne moralement, qu'on tue comme des agneaux sans voix, parfois dans le sein de leur maman.

Oser fréquenter, inviter, visiter, soigner ceux qui en ont besoin, malgré le regard, l'opinion des autres, des proches, ou malgré le danger, si on peut.

- Oser servir Dieu :

Témoigner de Lui et de sa foi malgré l'opposition, le rejet, le mépris, la persécution.

Défendre les principes du bien, de la justesse, de la moralité, de la justice, de l'intégrité et de sa foi chrétienne.

C'est à l'amour qu'on nous reconnaitra

Si nous suivons Jésus, il veut que nous nous levions, nous aussi, debout comme un peuple immense, un peuple de témoins, brave, résolu, déterminé. Non pour attaquer, non pour prouver que nous avons raison, que notre croyance est la meilleure, non pour nous battre, non pour entrer sur un ring de boxe, mais pour témoigner de ses merveilles ! Pour témoigner d'une Rencontre. Pour témoigner d'un Amour. Pour témoigner de Quelqu'un. C'est à l'amour qu'on nous reconnaitra.

❧

Seigneur, montre-moi quelque chose que je pourrai oser faire pour toi. Et quand je l'aurai trouvé, aide-moi à oser la faire

❧

Ma réflexion – Qu'est ce qui me frappe dans cette lecture ?

Mes sentiments – Qu'est-ce que je ressens actuellement ?

Le cœur à cœur – Ma prière :

Aller plus loin – Qu'est-ce que je décide ?

Jour 25

Demi-tour à 180 degrés

Lecture du livre des Actes des Apôtres (Ac 22, 3 -16)

Et Paul dit :
« Je suis Juif, né à Tarse en Cilicie ;
mais j'ai été élevé dans cette ville
et instruit aux pieds de Gamaliel
dans la connaissance exacte de la Loi de nos pères,
étant plein de zèle pour Dieu,
comme vous l'êtes tous aujourd'hui.
C'est moi qui ai persécuté cette secte [ceux qui suivent le Seigneur Jésus]
jusqu'à la mort,
chargeant de chaînes et jetant en prison hommes et femmes :
le grand-prêtre et tous les Anciens
m'en sont témoins.
Ayant même reçu d'eux des lettres pour les frères, je partis pour Damas
afin d'amener enchaînés à Jérusalem
ceux qui se trouvaient là, et de les faire punir.

Mais comme j'étais en chemin, et déjà près de Damas,
tout à coup, vers midi, une vive lumière venant du ciel
resplendit autour de moi.
Je tombai par terre,
et j'entendis une voix qui me disait :
'Saul, Saul,
pourquoi me persécutes-tu ?'
Je répondis :
'Qui [es-tu], Seigneur ?
Et il me dit : Je suis Jésus de Nazareth, que tu persécutes.'
Ceux qui étaient avec moi virent bien la lumière,
mais ils n'entendirent pas la voix de celui qui me parlait.
Alors je dis :
'Que dois-je faire, Seigneur ?'
Et le Seigneur me répondit :
'Lève-toi, va à Damas,
et là on te dira tout ce que tu dois faire.'

Et comme par suite de l'éclat de cette lumière
je ne voyais plus,
ceux qui étaient avec moi me prirent par la main,
et j'arrivai à Damas.
Or un homme pieux selon la Loi, nommé Ananie,
et de qui tous les Juifs de la ville rendaient un bon
témoignage,
vint me voir,
et s'étant approché de moi, me dit :
'Saul, mon frère, recouvre la vue.'
Et au même instant je le vis.
Il dit alors :
'Le Dieu de nos pères t'a prédestiné à connaître sa volonté,
à voir le Juste
et entendre les paroles de sa bouche.
Car tu lui serviras de témoin,
devant tous les hommes,
des choses que tu as vues et entendues.

Et maintenant que tardes-tu ?
Lève-toi, reçois le baptême
et purifie-toi de tes péchés, en invoquant son nom.' »

Changer de direction

Saint Paul avait le plan de sa journée bien calculé, à l'intérieur du vaste projet qu'il avait entrepris. Il était en mission. Il cheminait dans une direction : venant de Jérusalem allant vers la ville de Damas.

Il est interrompu violemment, sans aucune préparation préalable, comme par un coup de tonnerre venant de nulle part, dans un ciel serein, un beau ciel bleu où tout était calme et planifié. Cette lumière qui a aveuglé Saul, au propre comme au figuré, fait penser à la lumière extrême (le « flash de la résurrection », rayonnement radioactif semblable à celui d'une explosion nucléaire, selon certains chercheurs du Suaire de Turin) qui a accompagné le moment où Jésus s'est levé d'entre les morts, et qui a modifié la surface du tissu du suaire. C'est Jésus ressuscité qui est apparu à Saul.

Alors qu'il était tranquille, allant son chemin, Jésus le bloque très brusquement. Il lui pose une question directe « Saul, Saul, pourquoi me persécutes-tu ? »

180 degrés

Pour faire courte une longue histoire, Saint Paul (alors appelé Saul) va se rendre compte qu'il a perdu tous ses repères. Il va à son tour demander: « Que dois-je faire Seigneur? ». Il va alors changer de direction, sur la même route de Damas. Il allait de Jérusalem, au Sud, vers Damas, au Nord. Il est arrêté net et va redescendre du nord vers le sud. Il prend une courbe à angle aigu. Il fait tout simplement demi-tour. « Conversion » égale changer de direction. Toute la vie de Paul va changer. Il va passer :

- de pharisien a disciple du christ,
- de tueur de personnes à sauveur d'âmes,

- de dur à tendre,
- d'arrogant a humble,
- de conformiste et fermé à ouvert sur le monde,
- de porteur d'œillères à visionnaire,
- de méchant à aimant,
- de pécheur à obéissant.

Faire demi-tour

Maintenant, faisons une halte et demandons-nous : et moi, est-ce qu'il y a une courbe que je dois prendre dans ma vie ? Est-ce qu'il y a quelque chose dans ma vie qui doit changer, qui doit être lavé par le baptême du Sang de mon Sauveur, et par rapport auquel je dois faire demi-tour si je veux invoquer le nom de Jésus.

Pour le savoir, écoutons la voix de Jésus. Il cite mon nom, Il cite ton nom. Et il me dit Untel, Une telle, pourquoi tu... ? Ecoutons- le dans le silence.

Qu'est-ce qu'Il m'appelle à changer?

Ça peut être :

- une habitude,
- un trait de tempérament,
- un mode de réaction,
- un mode de fonctionnement, à la maison, au travail, dans mes loisirs,
- une façon de faire les choses,
- un péché à long terme, un petit ou un grand. Véniel ou mortel,
- un type d'endroits ou de situations qui me portent à la tentation,
- une situation de vie que n'accepte pas le Seigneur,

- un péché en pensée, en parole, par action, ou par omission.

Un jour sur la route, je dois m'arrêter, faire demi-tour à 180 degrés et changer de direction.

Que j'aie été innocent(e), de bonne foi, ne sachant pas que je déplaisais à Dieu, ou pleinement conscient(e) d'être coupable, un péché est un péché. Je vais prendre un moment pour voir comment faire demi-tour sur la route de ce fonctionnement (lointain ou actuel), et comment changer de direction. Je vais vérifier comment changer quelque chose en moi, m'améliorer, pour me rapprocher de Dieu.

Que devrai-je abandonner ?

Paul a abandonné son voyage vers Damas. Que devrai-je abandonner pour me tourner vers Dieu? Ne nous illusionnons pas, on doit se préparer à ne pas se sentir bien pendant quelques minutes, ou quelques heures, ou quelques semaines, quand on laisse ainsi tomber une habitude. Parfois ça peut même être un arrachement. Ça peut faire très mal. Mais après, le sentiment de liberté et de paix qui suit efface tout.

Une « courbe » à angle aigu

Le plus souvent, la courbe doit être faite à angle aigu. C'est le mieux. On prend la décision et toute notre vie suit. Parfois la courbe peut être une grande ellipse, le temps de s'habituer au changement ou de faire les ajustements personnels nécessaires ou même des ajustements qui impliquent d'autres personnes.

Il est aussi juste

Dieu est miséricordieux, mais il est aussi juste. Il a clairement énoncé sa volonté dans la Bible et particulièrement dans l'Evangile. Les détails qui nous manqueraient se trouvent dans le Catéchisme de l'Eglise Catholique, et précisés par le Magistère de l'Eglise au fur et à mesure que les cultures du temps posent au chrétien de nouveaux défis.

Dans *Jean 14, 23* : « *Jésus lui répondit :* " *Si quelqu'un m'aime, il gardera ma parole, et mon Père l'aimera, et nous viendrons à lui, et nous ferons chez lui notre demeure.* »

N'oublions jamais cette phase de l'épître de Saint Paul aux Galates, *Ga 6, 7-8a* : *Ne vous y trompez pas : on ne se rit pas de Dieu. Ce qu'on aura semé, on le moissonnera.*

Nos vêtements sont-ils propres ?

Dieu a les bras ouverts, impatient de nous serrer contre lui. Mais nos vêtements sont-ils propres? Avons vous pris un bon bain? Ne nous faisons pas d'illusions: l'enfer existe.

Le premier pas sur le chemin de la conversion est la conscience, ou mieux la conviction de pécher. Prions l'Esprit-Saint pour qu'il nous éclaire, car dans ce monde devenu fou, nous avons été amenés, progressivement, à entrer dans des comportements de péché, dans toutes sortes de domaines, sans nous en rendre compte. Nous avons été portés à considérer comme normales des choses inimaginables il y a quelques années. Pourtant, la Parole ne change pas.

Rien d'imparfait n'entrera dans le royaume à la fin de notre vie. Si Paul était mort avant sa rencontre sur le chemin de Damas, où serait-il ?

☙❧

Seigneur, fais-moi connaître mon péché. Convaincs moi de la laideur de mon péché! Et, s'il te plaît, dis-moi ce que je dois faire.

☙❧

Ma réflexion – Qu'est ce qui me frappe dans cette lecture ?

Mes sentiments – Qu'est-ce que je ressens actuellement ?

Le cœur à cœur – Ma prière :

Aller plus loin – Qu'est-ce que je décide ?

Jour 26

Deux niveaux de lumière

Évangile de Jésus Christ selon saint Luc (Lc 2, 22-32)

Puis, lorsque les jours de leur purification furent accomplis,
selon la loi de Moïse,
Marie et Joseph portèrent l'Enfant à Jérusalem
pour le présenter au Seigneur,
suivant ce qui est écrit dans la loi du Seigneur :
« Tout mâle premier-né
sera consacré au Seigneur »;
et pour offrir en sacrifice,
ainsi que le prescrit la loi du Seigneur,
une paire de tourterelles,
ou deux petites colombes.
Or, il y avait à Jérusalem un homme nommé Siméon ;
c'était un homme juste et craignant Dieu,
qui attendait la consolation d'Israël,
et l'Esprit-Saint était sur lui.
L'Esprit-Saint lui avait révélé
qu'il ne mourrait point
avant d'avoir vu le Christ du Seigneur.
Il vint donc dans le temple, poussé par l'Esprit.

*Et comme les parents apportaient le petit Enfant Jésus,
pour observer les coutumes légales à son égard, lui aussi,
il le reçut entre ses bras,
et bénit Dieu en disant :
« Maintenant, ô Maître, [tu laisses] partir [ton] serviteur
en paix, selon [ta] parole ;
puisque mes yeux ont vu [ton] salut,
que [tu as préparé] à la face de tous les peuples :
lumière qui doit dissiper les ténèbres des Nations
et gloire d'Israël, [ton] peuple. »*

Mes yeux ont vu ton salut

Ce passage nous montre l'émerveillement de Siméon en réalisant que le bébé qu'il tenait, au temple de Jérusalem, était le Messie promis depuis des siècles, la Lumière des nations.

Pourquoi Siméon est arrivé au Temple à ce moment-là? C'est extraordinaire pour nous de réaliser à quel point l'Esprit-Saint nous dirige, sans que nous le sachions, et comment la Providence fait tout concorder magnifiquement pour le bien. Sous l'action de l'Esprit-Saint Siméon est poussé vers le Temple et arrive exactement en même temps que la Sainte Famille.

Il avait reçu de l'Esprit-Saint l'assurance qu'il ne verrait pas la mort avant d'avoir vu le Messie. Fidélité de Dieu ! Organisation que Dieu fait des circonstances pour réaliser ses promesses !

Siméon dit que ses yeux ont vu le Salut (le Secours, la Rédemption) que le Père préparait à la face des peuples, la lumière qui se révèle aux Nations. Lumière qui est la Gloire du Peuple d'Israël. Dieu est fidèle, même quand son peuple ne l'est pas ; il tient ses promesses.

Qu'a tenu Siméon dans ses bras ?

Au creux de ses bras, il a tenu :

- Le Soleil de Justice avec la guérison dans ses rayons,

- La Lumière qui allait éclater dans le Sermon sur la montagne, l'un des discours les plus célèbres du monde,
- Le Verbe par qui tout fut créé, la Parole qui se trouve dans l'Evangile, Jésus le Verbe de Dieu dont parle Saint Jean dans le premier chapitre de son évangile, ce premier chapitre, solennel, majestueux, dont la simple lecture chasse des démons lors d'exorcismes.

Une Lumière sur le monde

La Parole de Dieu est une Lumière sur le monde. Lumière dans nos cœurs dans ce monde de ténèbres.

Saint Jean l'Evangéliste en a la même révélation que Siméon : *En lui était la vie, et la vie était la lumière des hommes (Jean 1, 4).*

Saint Jean-Baptiste est un témoin de cette Lumière qu'est Jésus : *Il y eut un homme, envoyé de Dieu ; son nom était Jean. Celui-ci vint en témoignage, pour rendre témoignage à la lumière, afin que tous crussent par lui : non que celui-ci fût la lumière, mais il avait à rendre témoignage à la lumière. La lumière, la vraie, celle qui éclaire tout homme, venait dans le monde. (Jean 1, 6-9).*

Donc, Jésus est LA lumière qui doit guider tout homme et qui doit guider nos vies, notre existence, qui doit éclairer notre manière d'être au monde.

Deux niveaux de lumière

Siméon nous rappelle que Jésus est Lumière. Et c'est intéressant que nous fassions attention au fait qu'en terme spirituel il y ait deux niveaux de lumière. Dans les évangiles, Jésus a bien démontré quel genre de Lumière Il était. Et la différence avec « les lumières », les éclairages spirituels de son époque, saute aux yeux.

Un bel exemple se trouve au début du chapitre 8 de l'Evangile de Saint Jean. Les scribes et les pharisiens amènent à Jésus une femme « surprise en adultère ». Ils possèdent la lumière de l'Ancien Testament. Elle leur fait discerner qu'il s'agit là d'un péché grave qui doit être puni de mort, par lapidation. Leur lumière éclairait le péché de la femme.

Mais LA Lumière qui éclaire tout homme, Jésus, la Lumière-faite-Homme était là elle aussi, devant eux. La Lumière véritable qu'est Jésus avait une idée plus large de ce qui devait être fait.

La lumière des pharisiens sur la question ressemblait à celle d'une lampe de poche dont l'éclairage arriverait à 60 watts au maximum. La lumière qu'est Jésus, et qu'il allait propulser sur la scène, était celle d'un puissant projecteur de plus de 10.000 watts. Rappelons-nous à qui nous avons affaire: le Soleil de Justice, la Lumière du monde. Ainsi donc, Jésus, la Lumière Véritable, allait éclairer:

- non seulement la femme et son péché (Jésus n'a jamais dit un mot pour minimiser la gravité de la faute de la dame),
- mais aussi les pharisiens et leurs péchés,
- ainsi que l'intrication indissociable de la Justice ET de la Miséricorde de Dieu : « *Il se redressa et lui demanda : « Femme, où sont-ils donc ? Personne ne t'a condamnée ? ». Elle répondit : « Personne, Seigneur. » Et Jésus lui dit : « Moi non plus, je ne te condamne pas* (Miséricorde). *Va, et désormais ne pèche plus* (Justice).» *(Jn 8, 10-11)*.[6]

S'adressant aux Pharisiens présents Jésus ajouta: « *Je suis la lumière du monde. Celui qui me suit ne marchera pas dans les ténèbres, mais il aura la lumière de la vie.* » (Jean 8, 12).

Malheureusement, les Pharisiens et ceux qui les accompagnaient ont refusé la lumière de Jésus, la Lumière qu'est Jésus… et cela dure.

Lampe de poche ou projecteur ?

Et nous, quel genre de lumière utilisons-nous? ou allons-nous utiliser? Une lampe de poche ou un large projecteur ?

Envers notre prochain aurons-nous comme éclairage:

- un jugement étriqué ? l'insistance sur la paille dans l'œil du prochain mais pas sur la poutre dans mon œil ? Ou alors un laisser-faire coupable, quand on pactise avec le vice, qu'on ferme les yeux sur le péché de notre frère, sans même, au moins, prier pour lui?
- ou, par contre, un vrai respect de l'autre qui a péché ? une compréhension de sa faiblesse, tout en l'encourageant, fraternellement à faire le bien et à rejeter le mal ?

Envers nous-même, aurons-nous comme éclairage:

- du remords, de la honte, de la gêne sans conversion? Ou alors de l'auto-indulgence ? un laisser-aller qui peut nous mener à la perdition ou à l'étage le plus bas du purgatoire ?
- ou, par contre, un regret sincère, filial de nos fautes ? une réparation de nos manquements ? des actions concrètes pour changer de conduite ?

Prions pour que le Seigneur éclaire notre fonctionnement tout entier avec son gros projecteur de 10.000 watts, pour que nous avancions en pleine lumière, dans la miséricorde, dans la justice et dans la vérité.

&

Jésus éclaire constamment mon cœur et mon âme de Ta lumière. Fais que je fonctionne dans l'Amour, dans la vérité, et dans la Justice.

&

Ma réflexion – Qu'est ce qui me frappe dans cette lecture ?

Mes sentiments – Qu'est-ce que je ressens actuellement ?

Le cœur à cœur – Ma prière :

Aller plus loin – Qu'est-ce que je décide ?

Jour 27

Créés par amour

Lecture du livre de la Genèse (Gn 2, 4b- 9.15-17)

Lorsque [le Seigneur] Dieu eut fait une terre et un ciel.
Il n'y avait encore sur la terre aucun arbrisseau des champs,
et aucune herbe des champs n'avait encore germé ;
car [le Seigneur] Dieu n'avait pas fait pleuvoir sur la terre,
et il n'y avait pas d'homme pour cultiver le sol.

Mais une vapeur montait de la terre
et arrosait toute la surface du sol.
[Le Seigneur] Dieu forma l'homme de la poussière du sol,
et il souffla dans ses narines un souffle de vie,
et l'homme devint un être vivant.
Puis [le Seigneur] Dieu planta un jardin en Eden du côté de l'Orient,
et il y mit l'homme qu'il avait formé.
Et [le Seigneur] Dieu fit pousser du sol
toute espèce d'arbres agréables à voir et bons à manger,
et l'arbre de la vie au milieu du jardin,
et l'arbre de la connaissance du bien et du mal.

[Le Seigneur] Dieu prit l'homme et le plaça dans le jardin d'Eden
pour le cultiver et pour le garder.
Et [le Seigneur] Dieu donna à l'homme cet ordre :
« Tu peux manger de tous les arbres du jardin ;
mais tu ne mangeras pas
de l'arbre de la connaissance du bien et du mal,
car le jour où tu en mangeras,
tu mourras certainement. »

Dieu a tout créé pour nous par Amour.

Comme c'est beau: « *Le Seigneur Dieu prit l'homme* (le prit-Il par la main?) *et le plaça dans le jardin d'Éden* ». Quelle image de bonté, d'amour paternel, d'amabilité intentionnelle se trouve dans cette phrase !

Le Seigneur Dieu aurait pu créer l'homme d'abord et le laisser planter le jardin d'Eden tout seul. Non, Dieu est un hôte, il prépare la maison pour son invité qui est sa créature, et qu'il va adopter comme son fils, fait à son image.

L'amour d'un Père pour son fils.

Dieu prépare à Adam un lieu merveilleux, boisé, avec arbres, fruits, eau etc. Tout est là, à la base. Dieu «fit» la terre et le ciel (création à partir de rien). Mais il «planta» un jardin (travail paternel intentionnel et affectueux, travail de ses propres «mains» divines si l'on peut dire), comme il prit le temps de «modeler» l'homme et de lui insuffler lui-même le souffle de vie dans les narines. Ne pourrions-nous pas dire que Le Créateur a «servi» à Adam le jardin d'Eden sur un plateau d'or ?

Celui qui sert

Jésus, qui est Dieu, vrai Dieu, né du vrai Dieu, consubstantiel du Père, s'est présenté comme «Le Serviteur»! *Lc 22, 27b : « Car quel est le plus grand, de celui qui est à table, ou de celui qui sert ? N'est-ce pas celui qui est à table ? Et moi, cependant, je suis au milieu de vous comme celui qui sert. »*

C'est nous qui donnons au mot Serviteur une connotation négative. En fait, servir c'est le summum de l'amour. C'est pourquoi Jésus s'y identifie. Déjà, Isaïe, dans ses chants du Serviteur qui préfigurent le Messie, le décrit comme «le Serviteur Souffrant»

Is 53, 2 : [Le serviteur] *s'est élevé devant lui comme un frêle arbrisseau ; comme un rejeton qui sort d'une terre desséchée ; il n'avait ni forme ni beauté pour attirer nos regards, ni apparence pour exciter notre amour.*

Et Jésus précise dans *Mt 20, 28 :* « *C'est ainsi que le Fils de l'homme est venu, non pour être servi, mais pour servir, et donner sa vie pour la rançon de la multitude. »*

Par opposition, la phrase que les exégètes, en se référant au texte de Jérémie, ont attribuée à Lucifer, lui qui s'est détourné de Dieu qui l'a créé aurait été : «Je ne servirai pas !» « *Oui, depuis longtemps tu as brisé ton joug, rompu tes liens. Tu as dit : "Je ne servirai pas !"» (Jr 2, 20).* Le grand refus. Le grand péché!

Servir c'est prendre soin

Servir c'est prendre soin, C'est être attentif et prévenant. C'est le mari qui prépare une bonne tasse de thé chaud pour sa femme avant de se coucher et le lui apporte au lit. C'est le centurion qui se déplace pour aller demander à Jésus de soigner et guérir son serviteur. C'est le papa qui peint lui-même l'appartement de son fils qui va se marier. C'est l'amie qui prépare un bouillon pour la famille qui attend qu'on libère un parent kidnappé. Ce sont les religieuses qui nettoient les mourants atteint de lèpre dans les bidonvilles de Calcutta. Ainsi, le Père, le Créateur, a préparé la «maison » de l'homme, c'est à dire le Jardin d'Eden, avant de l'y inviter.

Des cadeaux somptueux

Et Dieu donne de beaux cadeaux. Ses cadeaux ont la touche de la perfection. Les gens qui ont fait des études de dessin classique ont dû étudier ce qu'on appelle des «écorchés». C'est l'étude graphique du corps humain, nu et comme si on avait enlevé la peau. C'est le plus difficile à dessiner de tout ce qui existe dans la nature. Et les parties de ce corps humain obéissent de façon parfaite aux lois mathématiques de l'harmonie visuelle. Toutes les parties, les galbes du corps ont, entre elles un rapport de proportion parfait qu'on appelle le nombre d'or, la section dorée, la proportion dorée ou… la proportion divine.

Le nombre d'or est une proportion : ainsi lorsque l'on divise une ligne ou un objet en deux parties inégales et que le rapport entre la plus grande partie et la plus petite partie est égal au rapport entre l'ensemble et la grande partie, alors la proportion est dite « divine ». Les séquences successives de ces proportions produisent une harmonique séquentielle à l'infini.

Tout dans la nature obéit aux proportions du nombre d'or. Depuis les feuilles des arbres, les flocons de neige jusqu'aux galaxies. C'est ainsi que Dieu a créé l'univers, dans une succession de proportions parfaites infinies, dont l'harmonie est destinée à plaire, de façon incontestée, au regard.

De joies en joies

Donc Dieu a fait la nature à la perfection. Tout, jusqu'à la composante du noyau de la cellule du moindre être est créé d'une façon idéale absolue. Si Adam l'avait compris, il se serait lâché dans cet espace de beauté, d'intelligence et de bonté, qu'est la relation avec Dieu, en toute confiance, sachant que de se confier, en ce Dieu-Créateur extraordinaire, ne pourrait que le faire marcher de bonheur en bonheur, d'exaltation en exaltation. Et comme les gens heureux n'ont pas d'histoire, le récit se serait arrêté là même si la vie de l'homme aurait continué de joies en joies et de découvertes en découvertes à perpétuité.

Travailler le jardin

Comme père, Dieu n'a pas voulu que l'Homme s'ennuie. Il a aussi voulu sa croissance. Il lui a laissé des choses à faire, à continuer : travailler le jardin, et le garder, l'améliorer, faire avancer la création. Dieu en partage avec lui la responsabilité, mais aussi la fierté, le sentiment d'importance et d'accomplissement. Il a voulu que l'Homme collabore aux choses créées.

Dieu lui fait aussi confiance ; l'amour suppose la confiance : de Dieu pour l'Homme, son fils, et de l'Homme pour Dieu, son père. Dieu aurait pu mettre une clôture autour des deux arbres, au milieu du jardin, ou les planter hors de la vue de l'Homme. Non. Dieu veut l'homme libre, ce qui donne à ce dernier un grade, grade qui monte l'homme au-dessus des animaux. Car Dieu voulait un interlocuteur, pas un esclave.

Ps 8, 5-7 : « *Qu'est-ce que l'homme, pour que tu te souviennes de lui, et le fils de l'homme, pour que tu en prennes soin ? Tu l'as fait de peu inférieur à Dieu, tu l'as couronné de gloire et d'honneur. Tu lui as donné l'empire sur les œuvres de tes mains ; tu as mis toutes choses sous ses pieds* » est-il dit de Jésus-homme, représentant de notre espèce tout en étant Dieu.

Le doute

Malheureusement l'Homme a blessé le rapport de confiance entre lui et son Père. Le doute que l'Homme a eu dans la suite de l'histoire a eu des conséquences terribles pour lui et pour nous. Il a malheureusement fait une permutation de la confiance: il a enlevé sa confiance en Dieu, qui lui avait tout donné par amour, pour placer cette confiance dans une simple créature, qu'il ne connaissait même pas et qui montrait qu'il était davantage dans ses intérêts.

À nous…

A nous de tenir notre confiance en Dieu, notre Créateur, Père et Sauveur.

A nous de le remercier pour tout ce qu'il nous a donné et nous donne chaque jour.

A nous de collaborer avec lui à améliorer sans cesse la création: par l'amour et la protection de la nature, l'amélioration des soins et de la vie, la technique, la technologie, la science, le progrès dans le service, le perfectionnement dans les relations humaines...

Arrière de moi !

A nous de résister au fruit de la nouvelle tentation, où le Mal nous susurre à l'oreille « Regardez ce qui vous arrive : Dieu ne vous aime pas ! Détournez-vous de Lui ! Jouissez. Servez-vous vous même !»

Notre réponse devra être : « Arrière de moi ! Je crois en Dieu, mon Créateur et mon Sauveur ! » En effet, mon Dieu est Tout-Puissant et Il est Amour. Il a vaincu le mal que la tentation avait introduit dans le monde. Il m'aide à me battre contre la souffrance. Et grâce à Lui je serai vainqueur.

Et s'il y a un reste de souffrance, je l'offre à Jésus en croix pour aider à sauver des âmes. Qui est comme Dieu? Avec l'aide de l'Esprit Saint, Je servirai, comme Dieu le père m'a servi, moi, fils, fille d'Adam, en me créant et en me donnant tout, comme Jésus m'a servi sur la croix par son total sacrifice. Au contraire de nos premiers parents qui n'avaient pas pu faire confiance au Père, je veux répéter: « Jésus, j'ai confiance en Toi !

೧೦

Oui Jésus, j'ai confiance en Toi.

೧೦

Ma réflexion – Qu'est ce qui me frappe dans cette lecture ?

Mes sentiments – Qu'est-ce que je ressens actuellement ?

Le cœur à cœur – Ma prière :

Aller plus loin – Qu'est-ce que je décide ?

Jour 28

Quitter le village

Évangile de Jésus Christ selon saint Marc
(Mc 8, 22-26a)

[En ce temps-là,
Jésus et ses disciples]
arrivèrent à Bethsaïde,
et on lui amena un aveugle
qu'on le pria de toucher.
Prenant la main de l'aveugle,
Jésus le conduisit hors du [village],
lui mit de sa salive sur les yeux,
et, lui ayant imposé les mains,
lui demanda s'il voyait quelque chose.
L'aveugle leva les yeux et dit : « Je vois les hommes
qui marchent,
semblables à des arbres. »
Jésus lui mit de nouveau les mains sur les yeux,
et il le fit regarder.
Alors il fut si bien guéri,
qu'il voyait distinctement toutes choses.

Alors Jésus le renvoya dans sa maison, en lui disant :
« Va dans ta maison, sans entrer dans le [village] »

Changer de lieu pour voir la lumière

Ce passage de l'Évangile semble raconter une guérison miraculeuse de Jésus parmi d'autres. Pourtant, de toutes les leçons que peut nous donner ce passage, il en est une qui est nettement inattendue : parfois, il faut se retirer de là où on est, de l'espace, du milieu, où l'on est, afin de pouvoir profiter de la lumière du Christ. Et surtout, il ne faudra pas y retourner

Par la main

Dans l'Évangile nous voyons que *« Jésus prit l'aveugle par la main »*. Il n'a pas demandé aux amis de l'aveugle de le lui amener. Sollicitude de Jésus ! Son respect devant le pauvre, le malheureux, le souffrant… Sa proximité physique avec les personnes de son époque…

A-t-il changé ? Ou bien puis je penser, ou puis-je avoir la certitude, que moi aussi, il me prend par la main, qu'il s'assied près de moi, qu'il me console et essuie mes larmes de ses propres mains ? *(Apocalypse, 21, 4)*

Une guérison maladroite ?

La guérison de l'aveugle s'est faite en deux étapes. Serait-ce une erreur ou un échec de la part de Jésus ? Inutile de préciser que ce n'est pas le cas…

D'un côté, cela correspond aux données de la psychologie. Jésus rend d'abord à l'aveugle la *sensation neurosensorielle* de la vue. C'est le côté purement physique de la guérison. C'est un acte de *création* : Jésus crée avec son crachat, comme Dieu avait formé l'homme.

Puis Il lui impose les mains, cela attribue à l'aveugle l'aspect psychologique et cognitif de la vue. C'est la deuxième étape, qui consiste en l'interprétation de la sensation, la *compréhension intellectuelle de ce qui est vu*, l'introduction, dans la vision de l'ex-aveugle, de la perspective, la vue en trois dimensions.

Deux étapes spirituelles

D'un autre côté, ces deux étapes préfigurent parfaitement les deux niveaux dans la guérison de notre malvoyance, de notre ignorance, spirituelle. La première étape c'est quand on entend la Parole avec nos oreilles. La deuxième étape c'est quand on l'intègre profondément, dans des détails inouïs. C'est quand le Seigneur nous fait comprendre la longueur, la largeur, la hauteur, la profondeur (perspective, dimensions multiples) de ce qu'est Dieu, sa puissance, son intelligence, et surtout son incommensurable Amour, grâce au don d'intelligence du Saint-Esprit.

Hors du village

Jésus « *le conduisit hors du village* ». Et lorsque la guérison fut achevée, il le renvoya dans sa maison et lui dit « *Ne rentre même pas dans le village* », c'est-à-dire dans Bethsaïde. Ces phrases ont fait couler beaucoup d'encre. Pourquoi ce geste et ce conseil ?

Qu'était Bethsaïde ? C'était le village d'où venait près de la moitié des disciples de Jésus: Simon Pierre et André son frère, Jacques le majeur et Jean son frère, ainsi que Philippe et un autre disciple de Jean-Baptiste dont le nom n'est pas mentionné.

Pourtant, Jésus a eu une grosse colère par rapport à cette ville :

Mt 11, 20-22 : « Alors Jésus se mit à reprocher aux villes où il avait opéré le plus grand nombre de ses miracles, de n'avoir pas fait pénitence. Malheur à toi, Corozaïn ! Malheur à toi, Bethsaïde ! Car si les miracles qui ont été faits au milieu de vous, avaient été faits dans Tyr et dans Sidon, il y a longtemps qu'elles auraient fait pénitence sous le cilice et la cendre. Oui, je vous le dis, il y aura, au jour du jugement, moins de rigueur pour Tyr et pour Sidon, que pour vous. »

… parce que ses habitants sont restés sourds à sa parole même en voyant des miracles ! On comprend peut-être pourquoi il suggère à l'aveugle guéri de ne pas retourner dans le village.

Un éclairage de plus en plus fort

De même, Jésus fait un cheminement avec nous. Il nous aide à comprendre les choses du Ciel de façon progressive. A chaque prière, à chaque méditation, à chaque lecture de l'Evangile, à chaque inspiration, intérieure ou venant d'une autre personne, j'avance dans un éclairage de plus en plus fort. Cela devient de plus en plus clair à savoir Qui est Jésus pour moi, Qui est le Père, Qui est l'Esprit Saint ? Je prends de nouvelles habitudes, j'adopte de nouveaux comportements, une nouvelle manière de vivre, j'ai de nouvelles valeurs, un véritable art de vivre plus paisible, plus focalisé, plus heureux.

Mais que disent mes amis, mes collaborateurs, et même ma famille, devant ce nouveau moi-même dont les yeux sont dessillés? M'encouragent-ils à entrer plus au fond de la foi ? ou me tirent-ils vers des valeurs artificielles ?

Gare à moi

« Le village » c'est l'espace public, le lieu des courants sociaux actuels. « Ma maison », c'est le lieu de ma rencontre avec Dieu. Jésus dit à l'ancien aveugle, et nous dit à nous aussi de rentrer dans notre maison et de ne même pas rentrer dans le village. Après avoir goûté les douceurs de la relation avec Dieu, gare à moi, si je ne protège pas ce cœur tout neuf que j'ai, ce cœur de chair qui a remplacé mon cœur de pierre, ces yeux tout neufs que j'ai. Ces nouveaux yeux sont cristallins, sans le film trouble des valeurs de ce qu'on appelle, depuis les XVIIIe et XIXe siècles, le « *zeitgeist* », c'est-à-dire «l'air du temps», la mode, le climat intellectuel, moral et culturel d'une ère, d'une époque !

Quel est mon village ?

Le village ce sont aussi mes anciennes habitudes, et ma maison c'est là où le Seigneur m'a placé(e), m'a planté(e) pour fleurir avec bonheur et porter du fruit abondamment. Fleurs de grâces. Fruits spirituels.

Gare à moi si je repasse par le village. Et c'est à moi de savoir quel est « mon » village, c'est-à-dire quels sont les gens, les milieux, les conversations, les groupes qui me détournent de Dieu, ou bien qui ramollissent son message.

C'est ce qui arrive, par exemple, lorsque des gens veulent sortir d'une addiction, on leur recommande de ne plus retourner dans le quartier, le bar, le groupe d'amis, la zone, où ils avaient l'habitude de se droguer ou de boire, car la tentation y est trop forte.

Quand Jésus me libère, il me donne deux choses: d'abord Sa Paix et ensuite une nouvelle direction. Une fois libéré(e) le meilleur conseil que je puisse suivre est celui-ci : Si Jésus m'ouvre les yeux, je dois bien noter l'adresse du « village »… pour ne jamais plus y retourner.

తోపాస

Seigneur je te prie ardemment de me faire voir clairement quel sont les « villages » où je ne devrai pas retourner.

తోపాస

Ma réflexion – Qu'est ce qui me frappe dans cette lecture ?

Mes sentiments – Qu'est-ce que je ressens actuellement ?

Le cœur à cœur – Ma prière :

Aller plus loin – Qu'est-ce que je décide ?

Jour 29

Unité

Évangile de Jésus Christ selon saint Jean (Jn 14, 6-14)

[Jésus dit à Thomas :]
« Je suis le chemin, la vérité et la vie ;
nul ne vient au Père que par moi.
Si vous m'aviez connu,
vous auriez aussi connu mon Père...
dès à présent vous le connaissez,
et vous l'avez vu. »
Philippe lui dit :
« Seigneur, [montre-nous] le Père,
et cela nous suffit. »
Jésus lui répondit :
« Il y a longtemps que je suis avec vous,
et tu ne m'as pas connu ?
Philippe, celui qui m'a vu, a vu aussi le Père.
Comment peux-tu dire : Montrez-nous le Père !
Ne crois-tu pas que je suis dans le Père,
et que le Père est en moi ?
Les paroles que je vous dis,
je ne les dis pas de moi-même :

le Père qui demeure en moi
fait lui-même ces œuvres.

Croyez sur ma parole
que je suis dans le Père,
et que le Père est en moi.
Croyez-le du moins à cause de ces œuvres.
En vérité, en vérité, je vous le dis,
celui qui croit en moi
fera aussi les œuvres que je fais,
et il en fera de plus grandes,
parce que je m'en vais au Père,
et que tout ce que vous demanderez au Père en mon nom,
je le ferai,
afin que le Père soit glorifié dans le Fils.
Si vous me demandez quelque chose en mon nom,
je le ferai.

Un

Jésus est dans le Père et le Père est en Jésus. Ils se ressemblent tellement que qui a vu Jésus a vu le Père. Ils fonctionnent tellement ensemble que c'est comme s'Ils étaient UN. Et ils sont UN. Qui connait Jésus connait le Père. Tout ce que Jésus fait c'est ce qu'Il a vu faire par son père.

Première personne du pluriel

Dans la Genèse, Dieu dit : Faisons-le à notre image et à notre ressemblance. Quelle est l'Image de Dieu ? Et pourquoi emploie-t-il la première personne du pluriel : « faisons le » ?

Eh bien, non seulement nous ressemblons à Dieu dans notre être intrinsèque, avec nos émotions, notre intelligence, notre volonté et notre liberté,

- nous ressemblons aussi à Jésus dans son corps, le corps d'Homme, le corps humain qu'Il a bien voulu prendre pour refaire le chemin d'Adam. Pour retracer l'histoire d'Adam et pour faire qu'elle se termine bien, pour lui donner un «*happy ending*», une fin heureuse, qui est la plénitude éternelle de la joie au Paradis. Pour rouvrir la porte qu'Adam avait fermée par le péché,

- et nous ressemblons aussi à Dieu *(faisons-le à notre image et à notre ressemblance)* dans son Unité. Notre essence, en ressemblance avec l'essence divine, est une essence de rapprochement, de proximité, d'entente, d'unité jusqu'à l'unicité.

Ce que Jésus nous décrit, dans ce morceau d'Évangile, est un peu un mystère pour notre entendement humain. Ce sont deux êtres qui ne sont qu'un Seul et qui sont liés par le ciment de l'Unité, de l'Amour, qui est aussi une personne. Il apprendra en effet aux disciples, dans un autre contexte, que le Père et Lui-Même ensemble fonctionnent avec une troisième personne, toujours divine, qui procède de leur propre Unité: l'Esprit Saint.

En Lui

Le père est en Jésus, Jésus est dans le Père, et nous, nous sommes à Jésus qui nous mène au Père. Au point que celui qui croit en Jésus fera les Œuvres qu'Il fait, donc, les Œuvres du Père.

Nous voici donc entraînés, si nous avons la foi, dans ce tourbillon d'unité de la Trinité, par lequel nous devenons forts, aimants, efficaces, capables de choses extraordinaires par la grâce de Jésus ! A condition que nous restions collés à Dieu-Trinité !

Toute autre force qui ne s'origine pas dans le lien avec Jésus, dans la puissance du Père et de l'Esprit (comme les forces des magiciens, des voyants, des spirites etc.) n'est qu'un reflet fugace de la Puissance d'unité de la Trinité. Ces autres forces sont illusoires, usurpatrices et passagères.

La force de la complicité

Alors, est-ce que nous commençons à comprendre ce que signifie être unis ? Et comment cela fait partie de l'essence de l'Homme, de l'essence de la personne humaine ? L'Unité c'est la vie, l'unité c'est la force, l'unité c'est la réussite et l'efficacité. Ce qui est vrai dans le monde divin est vrai dans le monde humain.

Dans notre couple, dans notre famille, dans notre communauté, à notre travail, dans notre groupe d'amis, dans nos groupes de prière, dans notre pays, dans notre Eglise, dans notre monde, dans notre cœur, le secret du bonheur, de la paix, du progrès, de la joie, c'est l'unité.

Danger...

A cause de sa force l'Unité a une ennemie : c'est la Discorde. Etant ennemie de l'unité elle est l'ennemie de la Paix. Comme au Jardin d'Eden, la cassure entre Dieu et l'Homme avait commencé par la méfiance, par la brisure de la belle entente d'amour du Père avec nos premiers parents. Ainsi, un venin est constamment à l'affut pour troubler notre paix et pour séparer ce qui est ensemble.

La Discorde commence par susciter chez **l'un** un acte tellement indignant, insultant, révoltant, dégradant ou attristant que **l'autre** ne peut pas ne pas ressentir de la haine et de la violence. Si l'on ne s'arrête pas tout de suite pour se demander «Dans quoi est-ce que je m'engage là ?», on entre dans un engrenage tourbillonnant d'hostilité et de haine, et adieu puissance, force, efficacité, progrès, paix, tranquillité et joie.

C'est pourquoi nous devons résister à la discorde, quelle que soit sa forme, sa dimension et son déclencheur,

- que ce soit le membre de notre famille qui lance de temps en temps une phrase, ouverte ou insidieuse, un mot indignant ou perfide, qui nous fait sauter au plafond,
- que ce soit l'ami qui nous trompe, qui trahit notre confiance avec un autre,
- que ce soit le collaborateur traitre, susceptible ou orgueilleux,
- que ce soit le responsable despotique
- que ce soit le(la) partenaire déloyal(e) ou dissimulateur(trice),

- que ce soit le mauvais plaisantin, moqueur et persifleur,
- que ce soit le voisin jaloux,
- que ce soit l'attaquant inconnu, violent, sans visage,

ce sont des gâchettes destinées à briser violemment l'unité.

Une guerre subtile

En nous rappelant l'unité de Jésus avec le Père, du Père avec Jésus, et des deux dans l'Esprit Saint, nous devons nous faire un impératif de briser la discorde dès qu'elle présente la pointe de sa tête ondulante et de lutter partout pour l'unité.

Cela doit être un choix constant. On doit se montrer vigilant pour déceler les causes de haine et de discorde et être habile, auto-contrôlé et patient pour éteindre les feux, rafraîchir les atmosphères, dénouer les tensions, pour amener la paix et rétablir l'Unité.

Tenter de faire route ensemble

Il ne s'agit pas de sacrifier sa dignité, sa protection ou celle des siens par des compromissions dictées par la peur. Non, Il s'agit de refuser la violence (intellectuelle, verbale, matérielle ou physique) et de refuser aussi la passivité (sauf si elle est un moyen de défense intelligent, passager) qui n'apaise pas toujours.

Il s'agit, selon le cas, de porter l'autre à respecter notre dignité, nos droits légitimes, notre espace émotionnel, tout en l'appelant à grandir lui aussi, et en l'invitant, si c'est possible et sans danger, à ce que nous fassions route ensemble.

Le principe de fraternité

Même si un rapprochement n'est pas possible avec un autre, restons quand même sous le parapluie divin de l'unité, en considérant, au moins intérieurement, que tout autre est un frère, et qu'en tant que tel, avec l'aide de l'Esprit (seul capable de nous donner cette touche divine), nous ne lui voulions pas de mal.

Par rapport à toute personne humaine, soyons à l'affut de toute gâchette de discorde pour la désamorcer car elle est un outil de destruction. Faisons de l'Unité une de nos valeurs de base. Efforçons nous, en pensée, en paroles, ou en actes, de toute notre énergie consciente, de préserver l'unité de qui seule vient la Puissance et le lien de la Paix.

❦

Seigneur, je compte sur toi : aide-moi à surveiller toutes les occasions de choisir l'unité au lieu de la discorde.

❦

Ma réflexion – Qu'est ce qui me frappe dans cette lecture ?

Mes sentiments – Qu'est-ce que je ressens actuellement ?

Le cœur à cœur – Ma prière :

Aller plus loin – Qu'est-ce que je décide ?

Jour 30

L'Agneau Pascal

Évangile de Jésus Christ selon saint Matthieu
(Mt 5, 17)

[En ce temps-là, Jésus, s'adressant à ses disciples, leur dit:]

« *Ne pensez pas que je sois venu abolir la Loi ou les Prophètes ;*
je ne suis pas venu les abolir, mais les accomplir. »

Un exemple ultime

Jésus a paru, parfois, par ses actes ou par ses paroles, supprimer les prescrits de l'Ancien Testament. Il n'en est rien. Les contradictions qu'Il a paru soulever n'ont jamais porté que sur des points de détails établis par les scribes et les pharisiens, ou sur la préséance de la Charité, qui englobe et origine, par elle-même, toute loi.

Un exemple ultime de l'affirmation de Jésus, à savoir qu'il n'est « pas venu abolir mais accomplir » se retrouve dans le déroulement de la Sainte Cène telle que Jésus l'a exécutée le Jeudi Saint : Il a repris tous les symboles du repas pascal juif, sans en manquer un, mais cette fois-ci ce n'étaient plus des symboles, car tous se rapportaient à Lui.

Trois parmi les symboles importants de la Pâque Juive, telle qu'elle était célébrée du temps de Jésus étaient : le pain sans levain, les coupes de vin et l'agneau pascal.

Le pain sans levain

Les Juifs mangeaient du pain sans levain lors de la Pâque, pour signifier la hâte avec laquelle ils étaient sortis d'Egypte (sans avoir eu le temps de laisser lever la pâte) ; de plus le pain sans levain était symbole de pureté. Jésus a partagé avec ses disciples un pain sans levain, en leur indiquant que c'était Son Corps (pur, divin, sans aucune trace de péché).

Selon les évangélistes, Jésus a partagé le pain à ses disciples à la fin du repas. Certains pensent qu'il s'agissait probablement de l'Afiqoman. L'Afiqoman (mot tiré du grec et qui signifie « celui qui vient ») est une grande portion de pain sans levain utilisée lors de la Pâque juive.

Dans les Seder (repas juifs de la Pâque) tels qu'organisés progressivement au fil des siècles, trois pains sont utilisés ; ils sont présentés l'un au-dessus de l'autre dans un tissu ayant trois poches. Celui du haut est consommé au début et celui du bas vers la fin du repas. Celui du milieu, cependant, est cassé en deux parties inégales au milieu du repas; le plus grand morceau (l'Afiqoman) est enveloppé dans le linge et caché quelque part dans la pièce alors que le plus petit morceau est consommé.

A la fin du repas, l'Afiqoman et sorti du linge et consommé par tous avec des louanges, « en mémoire de l'agneau pascal » comme le dit le rituel séfarade juif traditionnel.

Aussi les exégètes chrétiens soutiennent que ce pain sans levain symbolisait le corps de Jésus, brisé dans la mort, puis enveloppé de linge et caché dans le tombeau, ressuscité par la puissance du Père, puis finalement retrouvé par ses disciples. Et que c'est en référence à cela que Jésus a rompu le pain sans levain (peut-être l'Afiqoman ?) et qu'Il l'a distribué à ses disciples en leur disant « Prenez et mangez, ceci est mon corps ».

D'ailleurs, par l'une de ces concordances inimaginables de tout le plan de Dieu, Bethléem ne veut-il pas dire « Maison du Pain » ? Ce que traduit de manière superbement elliptique le beau chant créole qui dit : « Marie, donne-moi la nourriture que tu préparais dans la maison de Nazareth ! »

La coupe de vin

Lors du repas pascal Juif, il est coutume de boire quatre coupes de vin (rouge pour symboliser le sang de l'alliance) ; elles représentent chacune : sanctification, délivrance, rédemption et restauration. Une cinquième coupe est versée, mais elle n'est pas bue. Elle serait, selon la tradition juive ancienne, la coupe de la colère de Dieu ; selon des traditions ultérieures, elle serait réservée à Elie qui viendrait lors du repas de Pâques, désigner le Messie, l'Agneau de Dieu. Nous savons aujourd'hui que l'Agneau de Dieu avait déjà été désigné par Saint Jean-Baptiste, nouvel Elie.

Des théologiens soutiennent que c'est la 5ème coupe, celle de la colère de Dieu, coupe terrible, que la tradition recommandait de ne pas boire au repas de Pâque, celle dont Jésus avait demandé à Jacques et Jean s'ils pensaient pouvoir l'absorber, que c'est cette coupe que Jésus, au Mont des Oliviers, a demandé au Père d'éloigner de Lui. Puis, se confiant au Père et à Sa volonté, il l'a, symboliquement, prise d'une main décidée, se levant pour la boire tandis que s'avançaient vers lui les bourreaux et le commencement de la Passion.

Lors du repas, Jésus a bu du vin comme cela est prescrit par la coutume de son peuple. C'est à la fin du repas *(Lc 22, 20)* qu'il a donné une coupe de vin à ses disciples en leur disant :

« Cette coupe est la nouvelle Alliance en mon sang, versé pour vous ».

Considérant le moment où Jésus a distribué le vin de son sang aux disciples (la fin du repas), il est supposé par certains exégètes que, accomplissant la loi jusqu'au bout, Il leur aurait distribué la troisième coupe, celle de la Rédemption, celle du Salut, réservant la quatrième (celle de la Restauration) pour la boire dans le Royaume de son Père(?) :

(Lc 22, 18) : « *Car, je vous le dis, je ne boirai plus du fruit de la vigne, jusqu'à ce que le royaume de Dieu soit venu.* »

L'agneau pascal

Comme l'a expliqué le Pape Benoit XVI dans son ouvrage *Jésus de Nazareth. De l'entrée à Jérusalem à la Résurrection*[7], Jésus n'a pas mangé d'agneau pascal lors du dernier repas. En effet, sachant qu'Il allait mourir bientôt, Il a célébré le repas pascal avec ses disciples à l'avance, avant qu'elle soit célébrée au temple, et, par-là, avant le jour où l'agneau pascal devait être sacrifié selon la tradition juive. Ainsi, il a célébré la Pâque selon le rite de l'époque, mais en la portant à son point culminant : l'offrande du corps et du sang de l'Agneau véritable.

La Pâque juive devait tomber cette année-là un samedi. L'agneau pascal de la pâque juive allait être sacrifié dans les temples avoisinants la veille, le vendredi, à la sixième heure. Et en lisant l'évangile de Saint Jean, on se rend compte que Jésus est mort sur la croix au moment exact où dans les temples voisins, les agneaux étaient en train d'être abattus pour la fête de Pâques. Sa mort sur la croix coïncide avec le sacrifice des agneaux de Pâques.

Le Christ a vraiment versé son sang le vendredi, à la veille de la Pâque juive de cette année-là, à l'heure de l'abattage des agneaux. Lors de la Cène du jeudi saint, il a respecté le rite de l'ancienne alliance et, tout en anticipant et annulant le sacrifice d'animaux qui aurait lieu le lendemain, il a, par avance, rempli ce rite ancien du don divin de son corps, de son sang et de sa vie, créant une alliance nouvelle et indestructible.

Point par point

Jésus a vécu point par point le repas de Pâques dont les rites anciens avaient été un prélude de son sacrifice libérateur. Et la Cène a été le point culminant où Il a offert aux apôtres et au monde sa chair à manger. C'est bien l'Agneau Pascal, en effet, l'Agneau de Dieu, qu'Il a donné, à l'avance, à manger à ses disciples le Jeudi Saint. Et c'est son sang, la coupe de bénédiction, la coupe de la Rédemption, qu'Il leur a donné à boire.

Nous voyons donc que tout dans les livres des prophètes et tout dans la loi (reprise et simplifiée par Jésus dans l'Evangile), même un point sur un i est d'une suprême importance et nous appelle à l'obéissance. D'autant que, et nous devons prendre cela au sérieux, Jésus a dit «Le Ciel et la Terre passeront, mais mes paroles ne passeront pas».

೧೮

Jésus, mon Seigneur et mon Dieu, Agneau Immolé,
apprends-moi à t'obéir dans les plus petites choses.

೧೮

Ma réflexion – Qu'est ce qui me frappe dans cette lecture ?

Mes sentiments – Qu'est-ce que je ressens actuellement ?

Le cœur à cœur – Ma prière :

Aller plus loin – Qu'est-ce que je décide ?

Dans la même collection

« Perles et Trésors, Tome 2, Venez et Vous Verrez »

« Perles et Trésors, Tome 3 » (à paraître)

☙❧

Notes de fin

[1] V, J. *Conférence. La Fatigue et le Repos*. Rencontre internationale Foi et Lumière. Edimbourg, 1990

[2] Crampon, A., *La Sainte Bible*. Paris, Tournai, Rome, 1923. http://labiblecrampon.free.fr

[3] Cullen, T.; Ricker, C. *Josiah's Fire: Autism Stole His Words, God Gave Him a Voice*. BroadStreet Publishing Group LLC. Wisconsin, 2016

[4] École Biblique de Jérusalem , *La Bible de Jérusalem*, éditions du Cerf. Paris, 1973

[5] Frossard, A, *Dieu existe, je L'ai Rencontré*. 1976. Fayard. Paris.

[6] École Biblique de Jérusalem , *La Bible de Jérusalem*, éditions du Cerf. Paris, 1973

[7] Ratzinger, J.-Benoît XVI, *Jésus de Nazareth. De l'entrée à Jérusalem à la Résurrection*. Ed. du Rocher. Monaco, 2011

Made in the USA
Columbia, SC
22 June 2024